Die Auswahlentscheidungen zur Bewerberauswahl

Europäische Hochschulschriften
Publications Universitaires Européennes
European University Studies

Reihe XI
Pädagogik

Série XI Series XI
Pédagogie
Education

Bd./Vol. 1006

PETER LANG
Frankfurt am Main · Berlin · Bern · Bruxelles · New York · Oxford · Wien

Pelin Özgün Kanat

Die Auswahlentscheidungen zur Bewerberauswahl

Ein Leitfaden
für Studium und Praxis

Peter Lang
Internationaler Verlag der Wissenschaften

Bibliografische Information der Deutschen Nationalbibliothek
Die Deutsche Nationalbibliothek verzeichnet diese Publikation in
der Deutschen Nationalbibliografie; detaillierte bibliografische Daten
sind im Internet über http://dnb.d-nb.de abrufbar.

Gedruckt auf alterungsbeständigem,
säurefreiem Papier.

ISSN 0531-7398
ISBN 978-3-631-60915-6
© Peter Lang GmbH
Internationaler Verlag der Wissenschaften
Frankfurt am Main 2011
Alle Rechte vorbehalten.

Das Werk einschließlich aller seiner Teile ist urheberrechtlich
geschützt. Jede Verwertung außerhalb der engen Grenzen des
Urheberrechtsgesetzes ist ohne Zustimmung des Verlages
unzulässig und strafbar. Das gilt insbesondere für
Vervielfältigungen, Übersetzungen, Mikroverfilmungen und die
Einspeicherung und Verarbeitung in elektronischen Systemen.

www.peterlang.de

Vorwort

Mit ihrer differenzierten Analyse von Möglichkeiten und Grenzen der Beurteilung von Bewerbungen bzw. von Bewerbungsunterlagen hat Frau Kanat ein differenziertes Nachschlagewerk entwickelt, das Entscheidern fundierte Hilfen an die Hand gibt.

Ob es sich um die Gestaltung von Stellenanzeigen, die Beurteilung von Bewerbungsunterlagen, insbesondere auch Schul- und Arbeitszeugnissen oder die Lichtbild- und Schriftbildanalyse handelt, stets stellt sie die wichtigsten Erkenntnisse in komprimierter Form dar und erweitert so den Kriterienrahmen für Auswahlentscheidungen.

Ihrer gelungenen Darstellung, in der sie die Aufarbeitung von Theorien an den Bedürfnissen der Praktiker orientiert, ist eine große Leserschaft zu wünschen.

Prof.Dr. Olaf-Axel Burow
Geschäftsführender Direktor des Instituts für Erziehungswissenschaft.
Universität Kassel im August 2010

Inhaltsverzeichnis

A. Einleitung 9
B. Bewerbungstechniken 11
I. Marketing-Bewerbung 11
II. Klassische Bewerbungstechnik 13
III. Teilergebnisse und kritische Würdigung 14
C. Anforderungsprofil und Stellenanzeige 17
I. Stellenanzeige 17
II. Anforderungsprofil 18
1. Aussagewert der Firmenphilosophie 19
2. Aussagewert der Stellenbezeichnung 20
3. Aussagewert des Anforderungsprofils 21
4. Aussagewert der Arbeitsbedingungen 27
5. Aussagewert des Kontakts 28
III. Teilergebnisse und kritische Würdigung 30
D. Eignungsdiagnostik 33
I. Sichtprüfung der Bewerbungsmappe 34
1. Formale Kriterien 34
2. Teilergebnisse und kritische Würdigung 35
II. Bewerbungsanschreiben und Lebenslauf 35
1. Analyse des Anschreibens 35
2. Analyse des Lebenslaufes 37
3. Teilergebnis und kritische Würdigung 38
III. Belegprüfung 39
1. Schulzeugnisanalyse 40
a) Informationsgehalt 40
b) Teilergebnisse und kritische Würdigung 41
2. Arbeitszeugnisanalyse 42
a) Einfaches und qualifiziertes Arbeitszeugnis 42

b) Analyse formaler Gestaltungen 44
c) Analyse des Zeugniscodes 46
d) Teilergebnisse und kritische Würdigung 52
3. Lichtbildanalyse 53
a) Physiognomische Analyse 54
b) Teilergebnis und kritische Würdigung 58
4. Prüfung der Namensunterschrift 59
a) Graphologische Aspekte 59
b) Teilergebnis und kritische Würdigung 62
IV. Vorauswahlentscheidung 62
1. Anfertigung eines Bewerbungsauszuges 63
a) Entscheidung 63
b) Bemerkungen zu: 63
2. Zusammenfassung der Auswahlschritte 65
V. Auswahlverfahren 67
1. Vorstellungsgespräch 67
2. Phase der Präsentation 69
3. Phase der Konfrontation 70
4. Phase der Kommunikation 72
5. Teilergebnisse und kritische Würdigung 78
VI. Probearbeitszeit 79
1. Prüfkriterien während Probearbeitszeit 79
2. Teilergebnisse und kritische Würdigung 81
VII. Auswahlentscheidung 82
E. Gesamtergebnis 85
Literaturverzeichnis 87
Abkürzungsverzeichnis 91

A. Einleitung

Die Anfertigung einer Bewerbung um einen Arbeitsplatz erweist sich für die Bewerber nicht selten als Black-Box. Durch den zunehmenden Rückgriff auf Bewerbungsratgeber aller Facetten wächst die Zahl derjenigen Bewerbungen, die nach Inhalt und Aufbau her, immer weniger geeignet sind, dem Auswahlunternehmen die erforderlichen Informationen in der Aufbereitung zu liefern, die erforderlich ist, um durch klassische eignungsdiagnostische Methoden geeignete Bewerber zu ermitteln. Daher ist der klassische eignungsdiagnostische Ansatz nunmehr unter Berücksichtigung der modernen, am Marketing orientierten Bewerbungstechniken, auf den Prüfstand zu stellen. Aus diesem Anlass ist bereits anfänglich zu untersuchen, was die herkömmliche Bewerbungstechnik und die Marketing orientierte Bewerbungstechnik unterscheidet und was die klassische Eignungsdiagnostik noch zu leisten vermag. Erst vor dem Hintergrund einer kritischen Analyse, zugunsten der einen oder anderen Bewerbungstechnik, kann schließlich festgelegt werden, welchen Anforderungen eine moderne Bewerbung erfüllen sollte, um eine umfassend angelegte Übereinstimmung von Anforderungsprofil und Eignungsprofil ermitteln zu können. An dieser Stelle rückt bereits die Stellenanzeige, als Instrument der Unternehmen, Bewerber über das Anforderungsprofil zu informieren, in das Blickfeld. Auch hier ist kritisch zu untersuchen, welche Anforderungen an eine Stellenanzeige zu stellen sind und ob diesen Anforderungen auch durch Marketing-Bewerbungen entsprochen werden kann. Diese Untersuchung dürfte unter Berücksichtigung des am 14.08.2006 in Kraft getretenen Allgemeinen Gleichbehandlungsgesetz AGG (vgl. BGBl. 1 2006, 1897), dass den Unternehmen bereits im Bewerbungsstadium Pflichten auferlegt, um bereits den Anfangsverdacht einer Diskriminierung zu vermeiden (vgl. Kock, MDR 2006, 1088), neue Fragen aufwerfen. Vor diesem Hintergrund werden die klassischen eignungsdiagnostischen Verfahren und Methoden ins Blickfeld gerückt und kritisch daraufhin untersucht, was sie zu leisten imstande sind und wo ihre Grenzen liegen.

Dazu soll jeweils die Fragestellung:
1. Was unterscheidet die Marketing-Bewerbungen von der klassischen Bewerbungstechnik?
2. Werden Marketing-Bewerbungen den Anforderungen einer effektiven Bewerbung aus eignungsdiagnostischer Sicht gerecht?
3. Sind eignungsdiagnostische Verfahren taugliche Instrumente, um geeignete Bewerber zu erkennen?
4. Wo stößt die Eignungsdiagnostik an ihre Grenzen?
5. Welche psychologischen, pädagogischen sowie rechtlichen Rahmenbedingungen sind für die Anwendung eignungsdiagnostischer Verfahren und Methoden zu berücksichtigen?
6. Welche Empfehlungen lassen sich daraus ableiten?

zugrunde gelegt werden.

Vor dem Hintergrund dieser Fragestellung wird zunächst das Auswahlverfahren in seine einzelnen Phasen zergliedert. Diesen Einzelphasen sollen dann konkrete Verfahren und Methoden der Eignungsdiagnostik zugeordnet werden.

Im Zuge der kritischen Untersuchung soll die Fragestellung beantwortet, zum Teilergebnis zusammengefasst und dieses einer kritischen Bewertung zugeführt werden. Die durch dieses Vorgehen erarbeiteten Teilergebnisse wiederum sollen schließlich zu einem Gesamtbild zusammengesetzt werden, um ein komplexes Gesamtergebnis zu erlangen. Sodann soll die vorliegende Untersuchung mit einer Empfehlung auf Grundlage der erlangten Erkenntnisse schließen.

B. Bewerbungstechniken

Eine Bewerbungstechnik wird durch die Art und Weise definiert, in der die Bewerbung dem Auswahlunternehmen präsentiert wird (vgl. Manke, Personalauswahlverfahren, 2008, S. 50). Bei der Abgrenzung zwischen klassischer und moderner Bewerbungstechnik ist nicht etwa auf die Bestandteile und deren Anordnung abzustellen, sondern auf Inhalt und vor allem die Art der optischen Darstellung. Anknüpfungstatbestand einer dergestaltigen Abgrenzung ist zunächst das Substantiv »Bewerbung«, dessen Inhaltsbestimmung ganz wesentlich vom jeweiligen Verwendungskontext abhängt. Während die Betriebswirtschaftslehre in ihrem Teilgebiet der Personalwirtschaft, ursprünglich auf eine psychologisch-eignungsdiagnostische Begriffsbestimmung abgestellt hat (vgl. Manke, Personalauswahlverfahren, 2008, S. 12), tendieren moderne Ansätze zu einer marketingorientierten Begriffsbestimmung (vgl. Schanz, Personalwirtschaft, 2000, S. 349). Diese Unterschiede korrespondieren wiederum mit den unterschiedlichen Vorstellungen darüber, wie eine erfolgversprechende Bewerbung zu gestalten ist. Deshalb wird das Substantiv »Bewerbung« nicht einheitlich, sondern in Abhängigkeit von der Bewerbungstechnik, unterschiedlich definiert.

Dies ist möglich, da die mit einem zu definierenden Begriff zum Ausdruck gebrachten geistigen Vorstellungen, Erinnerungen, Wahrnehmungen, Empfindungen oder Gegenstände, Zustände, Ereignisse oder Handlungen vielfältig sein können. Eine Konkretisierung wird dann erst erreicht, wenn auf den Verwendungszusammenhang abgestellt werden kann (vgl. Schünemann, JuS 1976, 562). Vor dem Hintergrund der eingangs vermerkten Fragestellung, ist also vordringlich zu klären, wo die Unterschiede beider Ansätze liegen und welche Möglichkeiten und Grenzen daraus resultieren?

I. Marketing-Bewerbung

Nach dem Marketing-Verständnis erschließt sich der Begriffsinhalt des Substantiv »Bewerbung« bereits aus dessen Wortlaut. Danach ist darauf abzustellen, dass sich der Begriff aus der Vorsilbe »Be-« und dem Wortstamm »Werbung« zusammensetzt. Entsprechendes sei der Begriffsteil „Werbung" wörtlich, mithin als „Werbung in eigener Sache" zu deuten (vgl. Höck, WiSt 1995, 386). Daher könne die Bewerbungstechnik als Werbetechnik aufgefasst werden. So sei der Unterschied zu einem Produkt das beworben würde und einem Bewerber, der für sich selbst werbe, unwesentlich gering. Deshalb seien die im Marketing für die Produkt- und Dienstleistungswerbung entwickelten Techniken auf die Bewerbung um einen Arbeitsplatz uneingeschränkt übertragbar (vgl. Schanz, Personalwirtschaft, 2000, S. 349).

Für die Entwicklung von Werbetechniken ist zunächst die Motivation nach Befriedigung der individuellen Bedürfnisse der Ausgangspunkt. Dabei wird von der Prämisse ausgegangen, dass Bedürfnisse rational oder emotional begründet sein können. Rationale Bedürfnisse basieren also auf einer sachlich-logischen Einsicht.

In dieser Folge würde ein erkanntes Bedürfnis jedoch nur soweit befriedigt, wie zu seiner Deckung minimal erforderlich ist. Eine darüber hinausgehende Bedarfsdeckung würde als überflüssig erkannt und zu einer entsprechenden Einschränkung des Konsums führen.

Im Gegensatz hierzu würde eine emotional getragene Bedürfnisbefriedigung zu einer maximalen Bedarfsdeckung führen. Denn ein gefühltes Bedürfnis dränge stets zur Befriedigung im Überfluss, ohne von sachlich-logischen Kriterien beeinflussbar zu sein. Deshalb sei es Aufgabe der Werbung emotional empfundene Bedürfnisse hervorzurufen, aufrechtzuerhalten und so zu verstärken, dass sich eine auf Überschuss angelegte Befriedigung entwickelt.

Technisch betrachtet funktioniere die Werbung, indem zunächst die Wahrnehmung des Produktes (Attention) sichergestellt würde. Der sodann wahrgenommene Ausdruck des Produktes erzeuge ein, durch den (ersten) Eindruck verstärktes, emotionales Interesse (Interest). Psychologischen Erkenntnissen zufolge, besitze der wahrnehmungsverursachte (erste) Eindruck eine Dynamik, die zu schnellen und emotional getragenen Entscheidung (Desire) dränge und zugleich eine rationale Gegensteuerung überlagere (vgl. *Schünemann,* JuS 1976, 561; *Frey,* Personalwirtschaft 1980, p12). Schließlich würde ein der Bedürfnisbefriedigung entsprechendes Konsumverhalten (Action) ausgelöst.

Diese mit AIDA-Formel bezeichnete Werbetechnik könne auch dazu genutzt werden, um die Bewerbungen um einen Arbeitsplatz zu gestalten (vgl. Staufenbiehl/Brenner/Giesen, Karrierestart 1995, 70). Dazu müsse die Bewerbung bereits optisch so gestaltet werden, dass bereits die Wahrnehmung durch die Auswahlperson zu einem »**ersten Eindruck**« führt, der so effektiv ist, dass er emotional als positiv empfunden wird (vgl. Schneeweis, WiSt 1993, 430; Staufenbiehl/Brenner/Giesen, Karrierestart 1995, 70).

Dies sei von grundlegender Bedeutung, denn ein negativer Eindruck würde in der Regel -auch bei idealer Qualifikation- zu einer Ablehnung führen (vgl. *Müller,* Arbeit und Beruf 1978, 322). Im Umkehrschluss hingegen, könne der positiv wirkende Eindruck einer Bewerbung, die Auswahlentscheidung trotz unzulänglicher Qualifikation, ganz wesentlich beeinflussen (vgl. *Knebel,* Mensch und Arbeit 1970, 19). Diese Wirkung wird als »**Effekt-des-ersten-Eindrucks**« bezeichnet (vgl. *Nicolai,* WISU 2008, 560) und entspricht dem Interesse in der AIDA-Formel. Ein dergestalt erzielter positiver Eindruck wirke sodann auf der emotionalen Ebene fort und führt zu einer positiven Grundeinstellung gegenüber dem Bewerber, die wiederum zu einer schnellen und positiven Vorauswahlentscheidung dränge (Desire). Auf dies Weise kann zu Gunsten des Bewerbers, durch geeignete Werbetechnik, die rationale Notwendigkeit einer eignungsdiagnostischen Absicherung der Auswahlentscheidung (Action) im Einzelfall emotional überlagert werden.

II. Klassische Bewerbungstechnik

Demgegenüber ist die klassische Bewerbungstechnik darauf angelegt, die Bewerbung so zu formalisieren und inhaltlich strukturiert auszugestalten, dass dem Auswahlunternehmen alle für eine eignungsdiagnostische Auswahl erforderlichen Informationen geordnet vorgelegt werden. Insoweit hat der Bewerber gegenüber dem Arbeitgeber eine Offenbarungspflicht, die sich darauf erstreckt, die entsprechenden Auskünfte im Bewerbungsanschreiben und im Lebenslauf darzulegen und die Pflicht Belege, zu denen ein Bewerberfoto, Schul- und qualifizierte Arbeitszeugnisse gehören, beizubringen. Lücken oder Widersprüche in der Darlegung verletzen die Darlegungs-, fehlende mithin die Beibringungspflicht des Bewerbers. Deshalb sollten die Angaben des Bewerbers einerseits den Tatsachen entsprechen, also wahrheitsgetreu (authentisch) sein. Da andererseits eine lückenlose und inhaltlich zutreffende Preisgabe aller Stationen des Werdegangs das allgemeine Persönlichkeitsrecht beeinträchtigen können, wird das mit der Darlegungspflicht des Bewerbers korrespondierende Auskunfts- und Fragerecht des Arbeitgebers durch die Rechtsprechung des BAG jedoch teilweise wieder eingeschränkt, indem unzulässige Fragen vom Bewerber bewusst wahrheitswidrig beantwortet werden dürfen (vgl. *BAG,* DB 2003, 1795). In Anlehnung daran wird dem Bewerber auch zugestanden, bereits in der schriftlichen Bewerbung, insbesondere aber im Lebenslauf, solche Angaben zu verschleiern, die Gegenstand einer unzulässigen Frage wären (vgl. *Kaehler,* DB 2006, 281). Mithin kann nicht davon ausgegangen werden, dass die Angaben in einer Bewerbung stets zutreffend sind und den Tatsachen entsprechen.

Daher sollte bei der Einsichtnahme einer Bewerbung zum Zweck der Personalauswahl, stets die Hypothese, dass der Bewerber unqualifiziert sein könnte, den Ausgangspunkt der Eignungsdiagnostik bilden. Die anschließende Begutachtung der Bewerbung sollte deshalb mit dem Ziel erfolgen, diese **Nullhypothese** zu bestätigen. Dazu sollte diese Hypothese solange Aufrecht erhalten werden, bis die aus der Begutachtung erlangten Erkenntnisse diese Auffassung nicht mehr als folgerichtig erscheinen lassen. Für diesen Fall gilt dann die Nullhypothese als widerlegt. Sodann sollte nunmehr von der **Alternativhypothese** ausgehend, dass der Bewerber qualifiziert sein könnte, das Auswahlverfahren durch:
- Vorstellungsgespräch
- Einstellungsgespräch
- Probearbeitsverhältnis

fortgesetzt werden.

Eine so verstandene Auswahltechnik bedingt wiederum, dass die Bewerbung als Behauptung des Bewerbers aufzufassen ist, dem bekundeten Anforderungsprofil hinreichen zu entsprechen.

Die klassische Bewerbungstechnik vermittelt mithin, wie eine Bewerbung:
1. im Umfang **vollständig** und vom Inhalt her **zutreffend**,

sowie:

2. in welcher Reihenfolge zu **belegen**

ist.

Um diese Problemstellung bewältigen zu können, müssen folgende Voraussetzungen erfüllt werden:
1. Die Stellenanzeige muss umfänglich und inhaltlich zutreffend verstanden worden sein.
2. Die Behauptungen der Qualifikation müssen inhaltlich und strukturell in Übereinstimmung mit der Stellenanzeige angeführt werden.
3. Die Behauptungen der Qualifikation müssen umfänglich und inhaltlich zutreffend belegt werden.

Daher kann das Substantiv »Bewerbung« im Verwendungszusammenhang mit der klassischen Bewerbungstechnik als:

Darlegung des Bewerbers, sein Eignungsprofil stimme ausweislich der beigebrachten Belege mit dem Anforderungsprofil hinreichend überein,

definiert werden.

III. Teilergebnisse und kritische Würdigung

Stellt man nun beide Bewerbungstechniken gegenüber, so erweist sich, dass die Marketing-Bewerbung insbesondere dann ein hohes Erfolgspotential aufweist, wenn ein Arbeitgeber, etwa mangels Verfügbarkeit, auf eine rationale, also eignungsdiagnostische Prüfung der Bewerbung verzichtet (vgl. *Hillebrecht /Schlaus*, DBw 2002, 9) und seine Entschließung aufgrund des ersten Eindrucks trifft. Diese Art der Entscheidungsfindung erspart dem Unternehmen eine umfassende eignungsdiagnostische Untersuchung der Bewerbungen. Auch kann er sich bei der Einsichtnahme auf erste Eindrücke beschränken.

Es ist augenscheinlich, dass die marketingorientierte Bewerbungstechnik genau daran anbindet und den Bewerbern Anleitungen und Anregungen liefert, mit denen sie möglichst auffällige Gestaltungen für ihre Bewerbung entwickeln können, um sich von der Masse an Bewerbern deutlich abzuheben. Fraglich ist jedoch, ob auf diesem Wege der geeignete Bewerber überhaupt gefunden werden kann. Denn ein geeigneter Bewerber definiert sich dadurch, dass Anforderungsprofil und Eignungsprofil hinreichend übereinstimmen (vgl. *Manke, Personalauswahlverfahren*, 2008, S. 8). Nur dadurch kann sichergestellt werden, dass die stellenrelevanten Aufgaben im Umfang und Inhalt wahrgenommen werden können. Es kann also nicht darum gehen, eine freie Stelle um jeden Preis zu besetzen. Denn eine Fehlbesetzung, sei es durch Über- oder Unterqualifikation, wird sich für das Unternehmen nachteilig auswirken (vgl. *Manke*, Personalauswahlverfahren 2008, S. 8). Die Risiken einer Fehlbesetzung kann aber kaum auf der Grundlage des ersten Eindrucks sondern, so die hier vertretene These, wohl eher auf der Grundlage der Eignungsdiagnostik, minimiert werden.

Für ein solches Auswahlverfahren sind die Marketing-Bewerbungen jedoch nicht konzipiert. Anstelle der Darlegungspflicht rückt die werbetechnische Gestaltung und marketing-psychologische Ausdrucksform in den Focus. Es wird weder auf Aussagekraft, Inhalt und Anforderungen noch auf eine sinnvolle Anordnung der Belege (Zeugnisse etc.) abgestellt. Damit eröffnet diese Bewerbungstechnik für eine kritische Untersuchung einungsdiagnostischer Verfahren und Methoden auch keinen Raum. Deshalb soll dieser Ansatz unter Berücksichtigung der hier eingangs bereitgestellten Hypothese, nicht weiter vertieft werden. Vielmehr ist hier auf die klassische Bewerbungstechnik abzustellen.

Denn im Gegensatz zur marketingorientierten Bewerbung, wird durch die klassische Bewerbungstechnik die Eignungsdiagnostik unterstützt, indem sie nicht nur die inhaltlichen und strukturellen Anforderungen einer Bewerbung vorgibt, sondern auch die Einteilung des Bewerberauswahlverfahrens in:
1. Stellenanzeige
2. Bewerbervorauswahlverfahren
3. Vorstellungsgespräch
4. Einstellungsgespräch
5. Probearbeitsverhältnis
6. Auswahlentscheidung
7. Entscheidungsrevision

grob vorgezeichnet.

Die Frage, ob die Schaltung einer Stellenanzeige einerseits und die Entscheidungsrevision andererseits, dem Auswahlwahlverfahren zuzuordnen sind, oder diesem vielmehr vor- bzw. nachgelagert sind, ist wohl eine Erwägung des Begriffsverständnisses. Hier jedenfalls wird mit diesen Erwägungen dem Gebot der Vollständigkeit entsprochen.

C. Anforderungsprofil und Stellenanzeige

I. Stellenanzeige

Die Anfertigung einer Stellenbeschreibung als interner und die Schaltung einer Stellenanzeige als externer, d.h. nach außen gerichteter Vorgang, sind dem Bewerberauswahlverfahren –im begrifflich engerem Sinne- vorgeschaltet. Durch zumindest den letzteren Vorgang wird der Impuls zur Bewerbung gegeben. Denn die Besetzung einer freien Stelle mit einem geeigneten Bewerber, setzt zunächst voraus, dass potentielle Bewerber darüber informiert werden, dass eine bestimmte Position mit diversen Anforderungen zu einem bestimmten Zeitpunkt zu besetzen ist. Alternativ gibt es für den Arbeitgeber weitere Möglichkeiten, um auf freie Stellen hinzuweisen und potentielle Bewerber für eine Bewerbung zu motivieren. Neben der Stellenmitteilung an die Agenturen für Arbeit, bietet vor allem das Internet die Möglichkeit zur Veröffentlichung entsprechender Anzeigen (vgl. *Gourmelon*, DÖD 2007, 244). Demgegenüber ist die Stellenanzeige in Printmedien die wohl klassische Art. Hingegen können in allen Varianten die Voraussetzungen und Erwartungshaltungen zur Qualifikation fachbegrifflich angeführt werden. Auch besteht grundsätzlich die Wahl zwischen einer formell **unstrukturierten** oder **wohl strukturierten,** einhergehend mit einer materiell informationsarmen oder informationsreichen Stellenanzeige (vgl. *Frey*, Personalwirtschaft 1980, p17 ff.).

Für die Entscheidung zwischen unstrukturierter oder wohl strukturierter Stellenanzeige, dürfte maßgeblich auf die praktizierte Auswahltechnik abzustellen sein. Bei der Bewerberauswahl die unter Verzicht auf eignungsdiagnostische Methoden erfolgt, wird maßgeblich auf den ersten Eindruck abgestellt (vgl. *Knebel*, Mensch und Arbeit 1970, 18). Anstelle einer diagnostischen Begutachtung der Bewerbungsunterlagen wird der Auswahlschwerpunkt in die Probearbeitszeit verlagert. In solchen Fällen ist eine wohl strukturierte Stellenanzeige nicht notwendig. Hier dürfte in der Regel auch eine informationsarme Annonce ausreichend sein, um Bewerbungen zu erhalten. Diese sind dann mangels hinreichender Vorinformation in der Stellenanzeige, auch kaum wohl strukturiert. Entsprechend wird auch die Struktur und Aussagekraft der eingehenden Bewerbungen eine eher untergeordnete Rolle spielen. Die Position wird in solchen Fällen mit dem Bewerber besetzt werden, der während einer Probearbeitszeit die erwarteten Leistungen erkennen lässt. Im Zweifel müsste die Stelle neu besetzt werden.

Demgegenüber könnte ein eignungsdiagnostisches Auswahlverfahren die Chancen, geeignete Bewerber bereits in einem früheren Stadium als der Probezeit zu erkennen, erhöhen. Dafür ist allerdings Voraussetzung, dass die Bewerbungen in Struktur und Inhalt einer solchen Auswahltechnik nicht entgegenwirken. Die Stellenanzeige sollte deshalb auch zu dem Zweck eingesetzt werden, die Bewerber über die Darlegungs- und Beibringungspflicht zu informieren. Denn ohne die Kenntnis der Details eines Anforderungsprofils, kann eine Bewerbung nur auf Vermutungen aufgebaut werden (vgl. *Manke,* Personalauswahlverfahren, 2008, S. 9).

Fraglich ist also, ob insbesondere eine wohl strukturierte Stellenanzeige unter Beachtung der gesetzlichen Vorgaben aus dem AGG hinreichend geeignet ist, potentielle Bewerber über die Umfang und Inhalt des Anforderungsprofils zu informieren?

Der Arbeitgeber ist dazu gehalten, einerseits die für eine aussagekräftige Bewerbung erforderlichen Informationen preiszugeben, andererseits aber auch nunmehr AGG-gesetzlich gehalten, sowohl Merkmale aus einer Stellenanzeige herauszulassen, die eine Diskriminierung vermuten lassen könnten (vgl. *Ring,* JA 2008, 4; *Kock,* MDR 2006, 1092). Entsprechend dem Zweck einer Stellenanzeige, einerseits sowie der Sicherstellung AGG-konformer Stellenanzeigen (vgl *Seel,* MDR 2006, 1321; *Kock,* MDR 2006, 1088) andererseits, sollte der klassische Stil für eine Stellenanzeige den gesetzlichen Erfordernissen angepasst werden. Bei der Einschaltung von Personalvermittlern sollte bedacht werden, dass deren Verhalten dem Auftraggeber zugerechnet wird, was vorliegend auch für den Aufbau und Inhalt einer Stellenanzeige gilt (vgl. *Seel,* MDR 2006, 1321). Diese Prämissen wiederum geben Anlass, den zulässigen Inhalt einer strukturierten Stellenanzeige zu ermitteln.

II. Anforderungsprofil

Eine solche wohl strukturierte und informative Stellenanzeige, wird mit der **Firmenphilosophie** eingeleitet. Danach erst erfolgen die Bezeichnung der zu besetzenden Stelle, deren Anforderungen und Arbeitsbedingungen sowie Kontaktmöglichkeiten. In formell-funktionaler Sicht ergeben sich somit für eine wohl strukturierte Stellenanzeige zusammenfassend folgende Inhalte (vgl. *Frey,* Personalwirtschaft 1980, p12; *Werneck,* Personalwirtschaft 1981, 30; *Schittek,* Mensch und Arbeit 1970, 261):
1. Firmenphilosophie
2. Stellenbezeichnung
3. Anforderungsprofil
4. Arbeitsbedingungen
5. Kontakt

Für die formelle Gestaltung und Größe einer Stellenanzeige bestehen keine zwingenden Vorgaben. Die weitere Analyse der Stellenanzeige beschränkt sich daher auf Struktur und Informationsinhalt sowie auf Einschränkungen, die diesbezüglich durch das AGG geboten sind.

1. Aussagewert der Firmenphilosophie

Die Bezeichnung »**Firmenphilosophie**« verbindet zwei Begriffe. So steht das im Altgriechisch (Sophia) stammende Wort »**Philosophie**« für Fertigkeiten oder Fachwissen. Folglich wird über den Begriff der Firma, das unternehmensspezifische Können und Wissen konkretisiert. Die Firmenphilosophie kann demzufolge die Bereiche:
- Branchenbezeichnung
- Wettbewerbsposition
- Produkte oder Dienstleistungsarten
- Märkte und Kundengruppen
- Erfolgsfaktoren
- Organisation und Führung

umfassen (vgl. *Krech,* WISU 2004, 306).

Dem Kreis der potentiellen Bewerber wird dadurch anheimgestellt zu erwägen, ob die eigene Qualifikation und Vorstellung über die vakante Tätigkeit in diese Branche passt. Wer hingegen aus einer anderen Branche heraus eine Bewerbung beabsichtigt, ist branchenfremd. Sofern auch branchenfremde Bewerbungen berücksichtigt werden, wird in einer Stellenanzeige grundsätzlich ausdrücklich darauf hinzuweisen sein. Fehlt ein entsprechender Hinweis, sollte dies als Indiz dafür gewertet werden, dass Branchenkenntnisse erwünscht sind.

Darüber hinaus können mit der Firmenphilosophie häufig auch Erwartungen zum Ausdruck gebracht werden, die bei der Bewerberauswahl von überragender Bedeutung sind. So sollte eine Hervorhebung der Wettbewerbsposition des Unternehmens dahingehend verstanden werden, dass überdurchschnittliche Anforderungen an die Loyalität und Leistungs- und Einsatzbereitschaft erwartet werden (vgl. *Schittek,* Mensch und Arbeit 1970, 262).

Ebenso können Hervorhebungen in Bezug auf das Produkt oder die Dienstleistung des Unternehmens indiziell auf hohe Erwartungen hinsichtlich der Arbeitssorgfalt oder Kunden- und Serviceorientierung hindeuten (vgl. *Krech,* WISU 2002, 783).

Demgegenüber können durch Erwähnung und deutliche Hervorhebung der verschiedenen Standorte eines Unternehmens im In- und Ausland, auf verstärkte Auslandskorrespondenz und optionale Auslandsaufenthalte oder Reisebereitschaft und Mobilität vorgezeichnet werden.

Schließlich kann durch die Firmenphilosophie auch auf Besonderheiten der Betriebsorganisation aufmerksam gemacht werden. Dies gilt für eine streng hierarchische Organisation und Führung ebenso, wie für eine extrem flache Hierarchie mit entsprechend ergebnisorientierter Führung (vgl. *Krech,* WISU 2004, 54). Je nachdem sollte ein Bewerber auf eine vorausgesetzte Teamfähigkeit oder Eigenverantwortlichkeit schließen können.

Somit dient die Firmenphilosophie dem Zweck, die Bewerber über unternehmensspezifische Rahmenbedingungen und Grundsätze aufmerksam zu machen. Funktional betrachtet, enthält sie für die Bewerberauswahl grobe Andeutungen hinsichtlich der zu Grunde gelegten Auswahlkriterien.

Entsprechend dem Prinzip vom Groben zum Feinen, nimmt sie in der wohl strukturierten Stellenanzeige daher die rangoberste Position in Anspruch.

2. Aussagewert der Stellenbezeichnung

Die Stellenbezeichnung, synonym auch Tätigkeits- oder Positionsbezeichnung, befindet sich innerhalb der Stellenanzeige an zweiter Stelle. Hier wird der Bewerber über die begrifflich korrekte Bezeichnung der Tätigkeit informiert. So lässt die Bezeichnung bereits darauf schließen, ob es sich um eine gewerbliche, kaufmännische oder verwaltungsbezogene bzw. leitende oder administrative Tätigkeit handelt. Darüber hinaus ergeben sich regelmäßig fachbegrifflich Hinweise für die vorausgesetzte formale Qualifikation. Soweit bei der Stellenbezeichnung bereits nach herkömmlichen Recht auf eine geschlechtsneutrale Tätigkeitsbezeichnung zu achten war (§ 611b BGB a.F.), dürfte dieses Erfordernis im Zuge des neuen AGG neuen Aufwind bekommen (vgl. *Ohlendorf/Schreier,* BB 2008, 2458; *Ring,* JA 2008, 4).

Es sei denn, die Stelle kann wegen der Eigenart ihrer Anforderungen nur durch eines der Geschlechter besetzt werden (vgl. *Maier/Mehlich,* DB 2007, 111; *Wichert/Zange,* DB 2007, 971).

Bis auf wenige typische Frauenberufe, etwa einer weiblich zu besetzenden Rolle in einem Theaterstück, Sekretärin, Direktionsassistentin, Friseuse oder Erzieherin (vgl. *Diller,* BB 2006, 1968) wird dies wohl selten zutreffen.

Soweit nach § 15 II AGG auch dann einen Schadenersatz- und Entschädigungsanspruch entstehen kann, wenn die Nichteinstellung auf einer benachteiligungsfreien Auswahl beruht, ist die Übertragbarkeit dieser in der Rechtsprechung entwickelten Fallgruppen auf das AGG nicht unbedenklich.

Zumindest in einigen unterinstanzlichen Gerichten (vgl. *LAG Rheinland-Pfalz,* AuR 2008, 273) sowie Teilen der Literatur (vgl. *Diller,* BB 2006, 1969; *Deinert,* DB 2007, 400) wird die Übertragbarkeit für erforderlich und zutreffend erachtet. Auslegungstechnisch wäre die Rechtsprechung auf das AGG dergestalt übertragbar, dass derjenige die Voraussetzungen der »objektiven Eignung« und »subjektiv ernsthaften Bewerbung« nicht erfüllt, nicht Bewerber im Sinne des § 6 S. 2 AGG ist (vgl. *Diller,* BB 2006, 1969). Somit wäre das AGG in persönlicher Hinsicht nicht anwendbar (vgl. *Ring,* JA 2008, 1).

Die Aufzählung der vorausgesetzten Anforderungen erscheint in der Struktur einer Stellenanzeige, wie oben bereits dargestellt worden ist, an dritter Position. Inhaltlich werden hierunter die idealerweise vorausgesetzten Qualifikationsmerkmale hervorgehoben (Anforderungsprofil). Mit **Qualifikation** ist dem Kontext entsprechend, die berufliche Verwendbarkeit des Bewerbers gemeint. Sie wird durch individuelle geistige Anlagen und der Ausbildung definiert. Das Zentrum dieser Anlagen wird in dem Großhirn gesehen, dass in zwei Hälften unterteilt wird. Während die linke Großhirnhälfte die Ratio, also für die Verarbeitung von sachlichen Informationen zuständig ist, sitzt in der rechten Großhirnhälfte die Emotio, also die Gefühls- und Verhaltenssteuerung (vgl. *Rosette,* Personal 1983, 183; *Schanz,* Personalwirtschaftslehre 2000, S. 67).

Entsprechend der genetisch angelegten Funktionen verhalten sich die Emotio einerseits und die Ratio andererseits, wie in der Naturwissenschaft Kraft und Gegenkraft. Allerdings besteht nach meiner Einschätzung in der Regel kein Kräftegleichgewicht.

Die Erfahrungen deuten darauf hin, dass möglicherweise bereits evolutionsbedingt, die Emotio, also die Emotionalität die Ratio, also die Anlage zum rationalen Denken, teilweise überlagert. Als Folge dessen, sind triebhafte und emotionale Verhaltensweisen wohl die Regel. Die Pädagogik lehrt indes, dass sich die Ratio erst durch und mit stetigem Lernprozess entwickelt und ihre Wirkung im Sinne einer selektiv wirkenden Gegenkraft verstärken kann (vgl. *Schanz,* Personalwirtschaftslehre 2000, S. 67). Diese Hypothese wird durch die Tatsache gestärkt, dass eine berufsspezifische oder tätigkeitsbezogene Ausbildung die Fähigkeit verleiht, diese weitgehend emotional unbeeinflusst auszuüben. Die Steuerung dieser Entwicklung durch verschultes Lernen, wird als »**Befähigung**« bezeichnet (vgl. *Noppeney,* Personal 1971, 85). In der Bewerberpraxis und Teilen der Literatur wird anstelle der Bezeichnung als Befähigung, die synonyme Bezeichnung als »**hard skills**« bevorzugt.

3. Aussagewert des Anforderungsprofils

Die Aufzählung der vorausgesetzten Anforderungen erscheint in der Struktur einer Stellenanzeige, wie oben bereits dargestellt worden ist, an dritter Position. Inhaltlich werden hierunter die idealerweise vorausgesetzten Qualifikationsmerkmale hervorgehoben (Anforderungsprofil). Mit **Qualifikation** ist dem Kontext entsprechend, die berufliche Verwendbarkeit des Bewerbers gemeint. Sie wird durch individuelle geistige Anlagen und der Ausbildung definiert.

Das Zentrum dieser Anlagen wird in dem Großhirn gesehen, dass in zwei Hälften unterteilt wird. Während die linke Großhirnhälfte die Ratio, also für die Verarbeitung von sachlichen Informationen zuständig ist, sitzt in der rechten Großhirnhälfte die Emotio, also die Gefühls- und Verhaltenssteuerung (vgl. *Rosette,* Personal 1983, 183; *Schanz,* Personalwirtschaftslehre 2000, S. 67). Entsprechend der genetisch angelegten Funktionen verhalten sich die Emotio einerseits und die Ratio andererseits, wie in der Naturwissenschaft Kraft und Gegenkraft. Allerdings besteht nach meiner Einschätzung in der Regel kein Kräftegleichgewicht. Die Erfahrungen deuten darauf hin, dass möglicherweise bereits evolutionsbedingt, die Emotio, also die Emotionalität die Ratio, also die Anlage zum rationalen Denken, teilweise überlagert. Als Folge dessen, sind triebhafte und emotionale Verhaltensweisen wohl die Regel. Die Pädagogik lehrt indes, dass sich die Ratio erst durch und mit stetigem Lernprozess entwickelt und ihre Wirkung im Sinne einer selektiv wirkenden Gegenkraft verstärken kann (vgl. *Schanz,* Personalwirtschaftslehre 2000, S. 67). Diese Hypothese wird durch die Tatsache gestärkt, dass eine berufsspezifische oder tätigkeitsbezogene Ausbildung die Fähigkeit verleiht, diese weitgehend emotional unbeeinflusst auszuüben. Die Steuerung dieser Entwicklung durch verschultes Lernen, wird als »**Befähigung**« bezeichnet (vgl. *Noppeney,* Personal 1971, 85).

In der Bewerberpraxis und Teilen der Literatur wird anstelle der Bezeichnung als Befähigung, die synonyme Bezeichnung als »**hard skills**« bevorzugt. Inhaltlich können folgende Anforderungen in einer Stellenanzeige vorausgesetzt bzw. erwünscht werden:

1. Befähigung (hard skills):
- Schulbildung
- Berufsausbildung
- Berufserfahrung
- Zusatzqualifikation

2. Eignung (soft skills):
- Arbeitsverhalten
- Sozialverhalten
- Kommunikationsverhalten

Dabei umfasst die Schulbildung alle Formen der allgemeinen wie der berufsbezogenen schulischen Qualifikation. Zur allgemeinbildenden Qualifikation gehören die klassische Grund- und Hauptschule, die Realschule und das Gymnasium. Demgegenüber sind das Berufsgrundschuljahr, Fachabitur oder berufliches Gymnasium berufsbezogene Qualifikationen. Aber auch die Bezeichnung als Berufsausbildung ist nicht auf bestimmte Qualifikationsstufen beschränkt, sondern umfasst alle berufsqualifizierenden Abschlüsse. So etwa solche, die an der Industrie- und Handelskammer (IHK), Volkshochschule (VHS) oder an einer Universität erreicht werden können. Daher gilt entsprechendes für die Berufserfahrung. Im weiteren Sinne ist darunter jede Erfahrung zu fassen, die durch die Ausübung irgendeiner beruflichen Tätigkeit über einen bestimmten Zeitraum erlangt worden ist. Daher sollte im engeren Sinne, insbesondere mit Blick auf eine neu zu besetzende Stelle, zwischen berufsfremder und berufsbezogener (einschlägiger) Berufserfahrung differenziert werden.

Demgegenüber ist die Zusatzqualifikation weder eine berufsausqualifizierende Erstausbildung noch Folge der Berufserfahrung. Eine zusätzliche Qualifikation setzt zum einen eine Erstausbildung voraus und befähigt zum anderen zur Wahrnehmung höherwertiger oder speziellerer Tätigkeiten. So sind die Meisterausbildung, Betriebswirt, Bilanzbuchhalter, Handelsfachwirt oder Techniker, klassische Zusatzqualifikationen. Aber auch Spezialisierungen, etwa auf dem Gebiet der EDV oder der Sprache, sind Formen einer Zusatzqualifikation.

Die obige Aufzählung ist insoweit nicht vollständig und kann vom Unternehmen dazu genutzt werden, um durch Weglassen einzelner Positionen, Schwerpunkte zu setzen. So kann in einer Stellenanzeige das Kriterium der Schulbildung, oder Berufsausbildung unerwähnt bleiben, wenn ein bestimmter Schulabschluss oder eine konkrete Berufsausbildung nicht vorausgesetzt werden. Umgekehrt deutet die ausdrückliche Ergänzung um ein weiteres Merkmal darauf hin, dass es sich um eine wesentliche Voraussetzung handelt.

Zwischen den Gegensätzen der Hervorhebung und Unterdrückung, kann darüber hinaus durch entsprechende Formulierungen zum Ausdruck gebracht werden, dass ein Qualifikationsmerkmal zwar ideale, jedoch nicht zwingende Voraussetzung ist. Das ist in der Regel zugleich ein Indiz dafür, dass neben der Befähigung auch die Eignung bei der Bewerberauswahl eine große Rolle spielt. D.h. dass im Einzelfall eine, hinter den eigentlichen Erwartungen liegende Befähigung eines bestimmten Bewerbers, durch sein Arbeits- oder Sozialverhalten oder ein anderes Eignungsmerkmal, aufgewogen werden könnte.

Den Gegensatz zur Befähigung bildet die an die Emotion anknüpfende Bezeichnung als **Eignung**. Diesbezüglich wird von der Grundannahme ausgegangen, dass die individuellen Verhaltensmuster in ihren wesentlichen Merkmalen weitgehend vollständig auf genetische Vererbung basieren (vgl. *Kühlmann,* WiSt 1983, 320). Die individuellen Gefühls- und Verhaltensmuster werden erst durch das jeweilige soziale Umfeld und den darin erfahrenen Erlebnissen zur Ausprägung gebracht (vgl. *Kühlmann,* WiSt 1983, 322). Insoweit hat sich auch für die Bezeichnung als Eignung, die aus dem amerikanischen Sprachgebrauch stammende, synonyme Bezeichnung als »**soft skills**« teilweise durchgesetzt (vgl. *Wisskirchen,* DB 2006, 1494).

So ist auch die Eignung ein Merkmal der beruflichen Qualifikation. Daher sollten bei der Begutachtung auch Merkmale geprüft werden, die im Hinblick auf die gegenwärtigen und zukünftigen Arbeitsanforderungen des zu besetzenden Arbeitsplatzes vorausgesetzt werden müssen (vgl. *Bartholomä,* Personalwirtschaft 1980, 292). Dazu sind insbesondere physische und psychische sowie sozialpsychologische Eignungskriterien (vgl. *Bartholomä,* Personalwirtschaft 1980, 293) zu unterscheiden.

Die physische Eignung wird im Wesentlichen durch die körperliche Gesundheit und organische Stabilität definiert (vgl. *Kühlmann,* WiSt 1983, 259). Entscheidende Kriterien können die körperliche Belastbarkeit im Spannungsfeld von Ermüdung und Erholung sein (vgl. *Kühlmann,* WiSt 1983, 262).

Demgegenüber gehören zu den psychischen Eignungsmerkmalen nichtkörperliche Eigenschaften. Sie ergeben sich aus einer individuellen Reaktion als Folge der Person-Umwelt-Beziehung (vgl. *Kühlmann,* WiSt 1983, 322). Von Bedeutung sind vor allem Motivation, Leistungs- und Einsatzbereitschaft, Zuverlässigkeit und Gewissenhaftigkeit (vgl. *Bartholomä,* Personalwirtschaft 1980, 293).

Schließlich zählen zu den sozialpsychologischen Eignungskriterien insbesondere die Kommunikationsfähigkeit, als Voraussetzung für einen reibungslosen Informationsaustausch, Anpassungsfähigkeit in Bezug auf das soziale Umfeld im Betrieb (vgl. *Eckartsberg,* Personalwirtschaft 1980, 262) sowie die Teamfähigkeit (vgl. *Bartholomä,* Personalwirtschaft 1980, 293).

Allerdings werden die vorstehenden Kriterien häufig unter die abstrakten Bezeichnungen:
- Arbeitsverhalten
- Sozialverhalten
- Kommunikationsverhalten

zusammengefasst.

Sachlicher Ausgangspunkt für das Arbeits- und Sozialverhalten ist daher das situationsbedingte Verhalten. Die Situationen wiederum werden im Wesentlichen durch das betriebliche Umfeld, also dem Betriebsklima und den Arbeitsplatzbedingungen sowie der Arbeitsverrichtung geprägt (vgl. *Kühlmann,* WiSt 1983, 258; *Rosner,* DBw 1980, 26). So können aus diesem Umfeld markante Einflüsse (Belastung und Beanspruchung) hervorgehen, die je nach individueller Veranlagung, auf das individuelle Arbeits- und Sozialverhalten negativ oder positiv wirken können (vgl. *Panse,* DBw 1974, 97; *Kühlmann,* WiSt 1983, 259 f.).

Daher kann die hinreichend exakte Beschreibung eines bestimmten Eignungsprofils nur durch eine differenzierte Begrifflichkeit erfolgen.

So sind für das Arbeitsverhalten insbesondere die Arbeitsleistung und der Arbeitserfolg maßgeblich. Die Arbeitsleistung wiederum kann durch die Kriterien (vgl. *Eckartsberg,* Personalwirtschaft 1980, 266; *Leuthner,* Personalwirtschaft 1981, 20; *Rosner,* DB 1980, 25)
- Motivation
- Fleiß
- Belastbarkeit
- Sorgfalt

näher bestimmt werden.

Im Rahmen eines Dienst- oder Arbeitsvertrages wird, im Gegensatz zum Werkvertrag, grundsätzlich kein Erfolg geschuldet. Von Ausnahmen also abgesehen, schuldet ein Beschäftigter in der Regel kein bestimmtes Arbeitsergebnis, sondern nur Arbeitsleistung. Die Arbeitsleistung muss allerdings von mittlerer Art und Güte sein. Zur näheren Bestimmung der mittleren Art und Güte wird auf eine durchschnittliche Arbeitsleistung abgestellt. Diese wiederum wird durch die Merkmale
- Arbeitsqualität
- Arbeitsmenge
- Arbeitstempo

bewertet. In Verbindung mit der eventuellen Bereitschaft zur Akkordleistung oder Erbringung von Überstunden kann im Ergebnis gleichwohl ein indirekter Arbeitserfolg erwartet werden. Dies sollte in einer Stellenanzeige durch oben genannte Begrifflichkeiten dann hinreichend deutlich zum Ausdruck gebracht werden.

Das **Sozialverhalten** wird, ebenso wie das Arbeitsverhalten, durch das betriebliche Umfeld wesentlich beeinflusst (vgl. *Brickenkamp,* WiSt 1973, 54).

Zu den Einflussfaktoren gehören insbesondere:
- Betriebsorganisation
- Grad der Unterstellung
- Grad der Funktions- und Zuständigkeitsaufteilung
- Art des Führungsstils
- Betriebsklima.

Dementsprechend wird das Sozialverhalten gegenüber
- Vorgesetzten
- Mitarbeitern
- Dritten

kategorisiert (vgl. *Raidt,* DBw 1987, 19; *Panse,* DBw 1974, 99).

Das Sozialverhalten gegenüber Vorgesetzten hängt von dem betrieblichen Führungsstil ab. So werden an die Fähigkeit zur Unterordnung, also Anpassung, im Falle eines autoritären Führungsstils hohe und an die Fähigkeit zur eigenverantwortlichen Organisation niedrige Ansprüche gestellt. Und im Falle einer antiautoritären Führung verhält es sich umgekehrt.

Beim Sozialverhalten gegenüber Mitarbeitern wird Teamfähigkeit im Vordergrund stehen. Hierbei ist wesentlich, dass die funktionale Aufgabenerfüllung im Vordergrund steht. Andererseits werden an die Fähigkeit zur Anpassung bzw. Eingliederung in eine Gruppe hohe Verhaltenserwartungen gestellt (vgl. *Panse,* DBw 1974, 95 f.; *Rosner,* DBw 1980, 26). Diesbezüglich müssen Konflikte innerhalb der Gruppe ausgetragen werden, ohne dass eine Beeinträchtigung des Betriebsklimas oder des Arbeitsablaufes drohen.

Derartige Fähigkeiten finden in den Anforderungen:
- Organisation
- Improvisation
- Verantwortungsbewusstsein

ihren Ausdruck.

Demgegenüber weisen die Eignungsmerkmale:
- Zuverlässigkeit
- Selbständigkeit
- Erfolgsorientierung

auf Einzelarbeitsplätze hin, die wenig Kontakt zu Vorgesetzten und Mitarbeitern erfordern. Entsprechen kann die Führung und Kontrolle auch nur über die Arbeitsleistung erfolgen.

Schließlich kann die Stelle einen häufigen oder stetigen Kontakt zu Dritten begründen. **Dritte** in dem Sinne sind Vertragspartner, Gäste, Patienten, Mandanten und sonstige, nicht zur Belegschaft gehörende Personen mit Firmenkontakt.

Je nach Schwerpunkt der Kontaktbeziehung können:
- Sicheres Auftreten
- Kommunikationsfähigkeit
- Ausdrucksweise in Wort und Schrift
- Gewandtheit

zum erwünschten Eignungsprofil gehören (vgl. *Gourmelon,* DÖD 2007, 242). Diesbezüglich ist es grundsätzlich Angelegenheit des Arbeitgebers, die Anforderungen und Einzelmerkmale des Eignungsprofils für einen Arbeitsplatz autonom festzulegen (vgl. *Birk/Burk,* BB-Special 2006, 7). Derartige Entscheidungen sind Bestandteil der verfassungsrechtlich gewährleisteten Unternehmerfreiheit (vgl. *BAG,* NZA 1999, 1095).

Demgegenüber hat der Gesetzgeber nunmehr mit dem AGG einen neuen Tatbestand geschaffen, demzufolge Bewerber, ebenso wie Arbeitnehmer vor einer ungerechtfertigten Diskriminierung durch den Arbeitgeber geschützt werden sollen.

Eine Diskriminierung kann vorliegen, wenn ein Bewerber wegen der in §§ 1, 7 AGG genannten (verpönten) Merkmale:
- Rasse
- Ethnische Herkunft
- Geschlecht
- Religion
- Weltanschauung
- Behinderung
- Alter

benachteiligt worden ist.

So stellt sich vor dem Hintergrund des AGG nunmehr die Frage, ob bei der Formulierung der Anforderungskriterien in einer Stellenanzeige Einschränkungen ergeben können, um den Risiken einer Schadenersatzklage vorzubeugen, die dem Arbeitgeber durch die Behauptung der ungerechtfertigten Benachteiligung erwachsen können.

Durch das AGG kommen nun weitere Diskriminierungsmerkmale hinzu, die in einer Stellenanzeige mithin ebenfalls als Indiz für eine Diskriminierung gewertet werden können. So wird mit dem Begriff der **Rasse** die Zurechnung eines Menschen zu einer bestimmten Gruppe, etwa aufgrund vererblicher Merkmale wie Hautfarbe, Physiognomie oder Körperbau verbunden. Demgegenüber wird mit **ethnischer Herkunft** an nicht vererbliche Merkmale wie sprachliche oder kulturelle Gemeinsamkeiten angeknüpft (vgl. *Annuß,* BB 2006, 1630; *Ring,* JA 2008, 2).

So könnte mit Blick auf die erwartete Belastbarkeit, neben gesundheitlichen Kriterien (Behinderung), etwa auch das Lebensalter ein Auswahlkriterium sein.

Zu denken ist also zunächst an konkrete Altersvorstellungen, die in der Stellenanzeige etwa in den Formulierungen:
- „junge/r Kollege/in zwischen 25 und 45" (vgl. *Diller,* BB 2006, 1969)
- „junges/aufstrebendes Team" (vgl. *Seel,* MDR 2006, 1321)
- „erfahrener alter Hase; junge dynamischer Führungskraft" (vgl. *Wisskirchen,* DB 2006, 1493)
- Berufsanfänger oder langjährige Berufserfahrung (vgl. *Ring,* JA 2008, 4)

zum Ausdruck gebracht werden kann. Allerdings könnte in einer solchen Begrenzung der Altersstufen eine unmittelbare Diskriminierung gesehen werden (vgl. *Wichert/Zange,* DB 2007, 970). Daher wird zu empfehlen sein, in der Stellenanzeige auf die Angabe konkreter Altersangaben zu verzichten. Denkbar wäre allenfalls eine indirekte Festlegung über das Kriterium der Berufserfahrung. Ob hingegen in dem Kriterium „Berufsanfänger" zunächst ein Indiz für eine (nur) mittelbare Benachteiligung, etwa derjenigen Bewerber mit mehrjähriger einschlägiger Berufserfahrung gesehen werden, ist derzeit umstritten *(vgl. Wichert/Zange,* DB 2007, 971; *Ring,* JA 2008, 4).

Ähnlich könnte es sich mit konkreten Anforderungen in Bezug auf Wort und Schrift, also Sprachkenntnissen und Sprachgewandtheit und Muttersprache verhalten.
So sollten künftig Formulierungen wie:
- Muttersprachler
- Akzentfreies Deutsch
- Mindest-Körpergröße

vermieden werden (vgl. *Wisskirchen,* DB 2006, 1493). Allerdings hat die Rechtsprechung in der eines britischen Staatsbürgers wegen mangelnder Deutschkenntnisse keine Benachteiligung im Sinne des AGG gesehen. Auch bestünde zwischen Sprachkenntnissen und Ethnie kein sachlicher Zusammenhang, so dass auch unter diesem Gesichtspunkt darin keine Benachteiligung zu sehen sei (vgl. *Bissels/Lützeler,* BB 2008, 670). Demgegenüber sind die Begriffe der **Religion** und **Weltanschauung** hingegen weder durch das AGG noch durch die bisherige Rechtsprechung klar definiert (vgl. *Annuß,* BB 2006, 1631).

4. Aussagewert der Arbeitsbedingungen

Unter der Bezeichnung als **Arbeitsbedingungen** können Voraussetzungen aufgenommen werden, die weder Befähigung noch Eignung betreffen. Hier geht es in erster Hinsicht um Bereitschaft und Akzeptanz betrieblicher Interessen. Zwar werden einerseits Vorteile gewährt, wie etwa:
- Tarifliche Vergütung/Haustarif
- Überdurchschnittliche Sozialleistungen
- Möglichkeiten zur Fort- und Weiterbildung
- Flexible Arbeitszeiten
- Gutes Betriebsklima
- Nutzung der Firmenwagens.

Dem stehen jedoch in der Regel auch für den Arbeitnehmer nachteilige Bedingungen gegenüber, wie etwa Bereitschaft zu.
- Schichtarbeit
- Wochenend- und Feiertagsarbeit
- Mehrarbeit
- Auslandsaufenthalte
- Dienstreisen.

Daher sollte eine weiche Formulierung nicht darüber hinwegtäuschen, dass es sich hierbei jeweils um Bedingungen handelt. Eine **Bedingung** knüpft stets an ein Ereignis an. Wenn daher ein Bewerber die gebotenen Arbeitsbedingungen so nicht akzeptiert, kann die Bewerbung daran scheitern, obwohl die übrigen Voraussetzungen für eine Einstellung vorliegen würden.

So schließt eine tarifliche Vergütung eine untertarifliche Vergütung ebenso aus, wie eine übertarifliche Leistung. Auch die Möglichkeit zur Fort- und Weiterbildung steht nicht zur Disposition des Bewerbers.

Vielmehr wird die Bereitschaft vorausgesetzt, je nach betrieblichen Belangen, regelmäßig an entsprechenden Fortbildungslehrgängen teilzunehmen. Die Weiterbildung wird somit für den Erhalt des Arbeitsplatzes zur Bedingung.

Entsprechend können flexible Arbeitszeiten auf unterschiedliche Tageszeiten ebenso hindeuten, wie auf Wochenend- und Feiertagsarbeit oder häufige Überstunden. Wer hierzu als Bewerber nicht hinreichende Bereitschaft signalisiert, kann letztlich den Einstellungserfolg gefährden.

Ein gutes **Betriebsklima** bedarf der ständigen Pflege. Insoweit dürfte die Bereitschaft an der Teilnahme zu betrieblichen Veranstaltungen, eine wesentliche Rolle spielen.

Auch könnte sich eine Störung des wohl empfindlichen Betriebsklimas nachhaltig auf die Personalakte und das Beschäftigungsverhältnis auswirken.

Schließlich bedingt das Angebot zur privaten **Nutzung des Firmenwagens,** auch die Obliegenheit zur teilweisen Übernahme der Haftungsrisiken, Wartung und Wagenpflege. Auch hier könnte eine Ablehnung des Angebots das Bewerberrisiko erhöhen. Im Ergebnis werden durch die Arbeitsbedingungen die Inhalte des Einstellungsgespräches indiziell vorgezeichnet.

5. Aussagewert des Kontakts

Der Kontakt nimmt in der Stellenanzeige die letzte Position ein. Hier erfährt der potentielle Bewerber, an welche Postanschrift seine Bewerbung zu adressieren ist, welche Art der Bewerbung erwünscht und welche Fristen gegebenenfalls einzuhalten sind. Lediglich für den Fall einer betriebsinternen Zuständigkeit kann darüber hinaus ein persönlicher Empfängername oder eine Unternehmensabteilung angegeben werden. Diese sollte dann aber unbedingt berücksichtigt werden.

Hinsichtlich der Art der Bewerbung sind vom Grundsatz her:
- postalisch und elektronisch versendbare;
- ausführliche oder aussagekräftige;
- Kurz- oder Langbewerbungen

zu unterscheiden. Wird zum Beispiel neben der Postanschrift auch eine Internetadresse angegeben, kann grundsätzlich auch eine elektronische Bewerbung (Internetbewerbung) angedacht werden. Die weiteren Differenzierungen berücksichtigen, dass eine Bewerbung ohne Lebenslauf und Zeugnisse an Aussagekraft verliert. Kurzbewerbungen sind daher solche, die nur aus einem (ausführlichere) Bewerbungsanschreiben –ohne Lebenslauf und Zeugnisse- bestehen.

Hingegen enthält eine ausführliche Bewerbung neben dem Bewerbungsanschreiben, alle dem Qualifikationsnachweis dienenden Unterlagen (Lebenslauf, Lichtbild, Zeugnisse und sonstige Urkunden). Daher legt schon der Umfang einer solchen Bewerbung nahe, auf eine Internetbewerbung zu verzichten und – eingebunden- in eine Bewerbungsmappe, postalisch zu versenden.

Aus eignungsdiagnostischer Sicht kann mit einer Kurz- bzw. Individualbewerbung weder die Darlegungspflicht noch die Belegpflicht erfüllt werden.

Gleichwohl sollte künftig auf die zuweilen gebräuchlichen ausdrücklichen Hinweise in der Stellenanzeige, dass vollständige Bewerbungsunterlagen nebst Lichtbild erwünscht sind, nach einem Teil der jüngsten Literaturmeinung verzichtet werden (vgl. *Seel,* MDR 2006, 1321; *Gourmelon,* DÖD 2007, 244; *Schrader,* DB 2006, 2571; *Ohlendorf/Schreier,* BB 2008, 2459). Nach dieser Auffassung könnte darin bereits ein Indiz für eine Diskriminierung gesehen werden. Denn dem Lichtbild könnten Informationen über Geschlecht, Alter und Nationalität entnommen werden. Einstweilen wird sogar die Empfehlung geäußert, der Arbeitgeber solle seinerseits auf die Erhebung solcher biographischer Daten verzichten, die nicht tätigkeitsrelevant seien (vgl. *Oechsler,* WiSt 2008, 4; *Seel,* MDR 2006, 1321). Da sich bereits solche Daten naturgemäß bereits aus dem Bewerberfoto ableiten lassen, solle auch die Einforderung desselben unterbleiben.

Dem ist jedoch entgegenzuhalten, dass dem Arbeitgeber im Zuge der Bewerberauswahl zugestanden werden muss, sich ein »**Persönlichkeitsbild**« vom jeweiligen Bewerber machen zu können. Ohne entsprechende Informationen, zu denen auch biographische Daten gehören, kann die (objektive) Eignung eines Bewerbers nicht hinreichend beurteilt werden.

Die objektive Eignung eines Bewerbers ist zudem, wie eingangs bereits erwähnt wurde, nach bisher geltender Rechtsprechung (ungeschriebene) Voraussetzung für einen Anspruch eines diskriminierten Bewerbers auf Schadenersatz oder Entschädigung wegen Benachteiligung aufgrund eines der in §§ 1, 7 AGG genannten Merkmale (vgl. *BAG,* NZA 1999, 371; *LAG Düsseldorf,* DB 2000, 381; *LAG Rheinland-Pfalz,* AuR 2008, 273). Konnte sich ein Unternehmen aufgrund der wenig aussagekräftigen Bewerbung schon kein zutreffendes Bild über die objektive Befähigung und Eignung machen, kann wohl erst recht auch keine Diskriminierung angenommen werden.

Zudem sind die durch ein Lichtbild zu erlangenden Erkenntnisse über die individuellen Persönlichkeitsmerkmale bereits im Rahmen einer ersten Sichtung auf Vollständigkeit einer Bewerbung relevant. Ohne Lichtbild ist eine Bewerbung nicht vollständig. Eine insoweit nicht vollständige Bewerbung wurde nach der bisherigen Rechtsprechung als Indiz dafür gewertet, dass die Bewerbung subjektiv nicht ernst gemeint war. Die subjektive Ernsthaftigkeit ist aber ebenso wie die objektive Eignung, ungeschriebenes Tatbestandsmerkmal für einen Anspruch wegen Benachteiligung (vgl. *Diller,* BB 2006, 1969 f.).

Daher ist es eine Obliegenheit des Bewerbers, auch ohne ausdrückliche Aufforderung durch den Arbeitgeber, seine Bewerbung durch ein geeignetes Lichtbild zu vervollständigen. Soweit jedoch vollständige Bewerbungsunterlagen eingereicht werden, könnte angedacht werden, ähnlich wie bei der Unterschriftenanalyse, bereits in der Überlassung eines Lichtbildes, eine –zumindest- konkludente Einwilligung in eine Analyse zu sehen, die eine Diskriminierung nach dem AGG ausschließt.

III. Teilergebnisse und kritische Würdigung

Die Untersuchung der Effektivität von Stellenanzeigen hat ergeben, dass zunächst zwischen wohl- und schlecht strukturierten Annoncen zu unterscheiden ist. Hinsichtlich der Zielsetzung, geeignete Bewerber über freie Stellen zu informieren und Impulse für eine Bewerbung zu geben, bestehen kaum Unterschiede. Mit dem Ziel hingegen, die Bewerber über die Anforderungen (Anforderungsprofil) zu informieren, damit sie Inhalt und Struktur ihrer Bewerbung danach ausrichten und ihr Eignungsprofil darstellen können, erweisen sich schlecht strukturierte Stellenanzeigen als völlig unzureichend. Problematisch ist allerdings, dass in solchen Stellenanzeigen Fachbegriffe verwendet werden, deren zutreffendes Verständnis auch von potentiell geeigneten Bewerbern viel abverlangt. Nur wer bereits die Branche kennt und bereits hinreichend Kenntnisse und Erfahrungen hat oder wer direkten Zugang zu entsprechender Fachliteratur hat, wird in der Lage sein, wohl strukturierte Stellenanzeigen „richtig" zu lesen. Daher könnte man den Eindruck gewinnen, dass die eigentliche Bewerberauswahl bereits hier beginnt. Denn Inhalt und Aufbau eines Bewerbungsanschreibens zeigen bereits, ob ein Bewerber das in einer Stellenanzeige erwartete Anforderungsprofil zutreffend erkannt hat oder nicht. Andererseits ist eine zutreffende Bewerbung allein noch kein hinreichender Beweis für die Eignung eines Bewerbers. Daher wird ein kritisches Unternehmen keinesfalls auf eine weitergehende eignungsdiagnostische Begutachtung der Bewerbung verzichten wollen. Dieses berechtigte Interesse wird allerdings durch die veränderten gesetzlichen Rahmenbedingungen aufgrund des AGG tangiert. Wie der obige Befund ergeben hat, kann die eignungsdiagnostische Berücksichtigung diskriminierender Merkmale das auswählende Unternehmen schadenersatzpflichtig machen. Deshalb zeigt die Praxis eine zunehmend beobachtbare Tendenz, bereits in Stellenanzeigen auf diskriminierende Merkmale, die dem Grunde nach lediglich der Konkretisierung des Anforderungsprofils dienen sollen, zu verzichten.

In der Folge wird die Stellenanzeige derart konturlos, dass die Gefahr besteht, dass der ursprüngliche Charakter als wohl strukturierte Stellenanzeige, verloren geht. In der weiteren Folge, könnte der Trend zu schlecht strukturierten und eignungsdiagnostisch untauglichen Bewerbungen zunehmen. Das Bedürfnis der Bewerber nach einer Anleitung für eine erfolgreiche Bewerbung könnte der Marketing-Bewerbung Antrieb bescheren.

D. Eignungsdiagnostik

Die Auswahl geeigneter Bewerber (Personalauswahl) erfordert angesichts der Komplexität des Anforderungsprofils, ein mehrstufiges meines Erachtens schichtweise angeordnetes Auswahlverfahren (vgl. *Goth,* Bewerbervorauswahl 2009, S. 37; *Armutat,* Eckpunkte 2009, S. 19). Dabei kann die Geschichte der Eignungsdiagnostik in Bezug auf Bewerber bis auf das zweite vorchristliche Jahrtausend zurückverfolgt werden (vgl. *Manke,* Personalauswahlverfahren 2008, S. 9). Der in dieser Zeit wurzelnde biographische Ansatz zielt insbesondere darauf ab, anhand vergangenheitsbezogener, biographischer und höchstpersönlicher Daten eines Bewerbers, dessen Befähigung und Eignung diagnostisch zu ermitteln. Dieser Ansatz unterscheidet sich damit grundlegend von konstruktorientierten oder simulationsspezifischen Ansätzen, unter Einbeziehung von psychologischen Eignungsverfahren gegenwärtige Eigenschaften und Intelligenz oder situationsspezifische Verhaltensmuster aufzudecken (vgl. *Manke,* Personalauswahlverfahren 2008, S. 9; *Goth,* Bewerbervorauswahl 2009, S. 63 f.). Die Effektivität dieser Verfahren ist nahezu unbestritten. Dies wirft die Frage auf, wie effektiv der biographische Ansatz ist. Die Untersuchung setzt zunächst seine Abschichtung in die drei Ebenen voraus:
1. Vorauswahlverfahren
2. Auswahlverfahren
3. Entscheidungsrevision
4. voraus.

Das Vorauswahlverfahren ist darauf angelegt, die Befähigung und Eignung der Bewerber anhand ihrer eingereichten schriftlichen Bewerbungen zu untersuchen und endet mit einer Vorauswahlentscheidung. Es wird mit einer ersten Sichtung (Augenschein) der Bewerbungen, insbesondere auch des Lebenslaufes und der mitgereichten Belege eingeleitet (vgl. *Goth,* Bewerbervorauswahl 2009, S. 41). Hierbei werden bereits die ersten Bewerbungen aussortiert. Die übrigen Bewerbungen hingegen werden der eignungsdiagnostischen Untersuchung zugeführt, die sich auf die Analyse von:

Analyse von:
1. Sichtprüfung der Bewerbungsunterlagen (Augenschein)
2. Bewerbungsanschreiben und handschriftlichen eigenhändigen Namensunterschrift
3. Lebenslauf, Lichtbild und eigenhändiger Namensunterschrift (soweit vorhanden)
4. Schulzeugnisse
5. Berufsqualifizierende Zeugnisse
6. Arbeitszeugnisse
7. Sonstige Belege.

Am Ende dieser Auswahlstufe steht die Vorauswahlentscheidung, mit der festgelegt wird, welche Bewerber dem anschließenden Auswahlverfahren zugeführt werden sollen (engere Wahl) und umgekehrt, welche davon ausgenommen werden sollen (vgl. *Goth,* Bewerbervorauswahl 2009, S. 46).

I. Sichtprüfung der Bewerbungsmappe

Die Sichtprüfung der Bewerbungen steht am Anfang dieser ersten Auswahlebene und sieht eine Inaugenscheinnahme vordringlich des Bewerbungsanschreibens, je nach erstem Eindruck, auch des Lebenslaufes und des Bewerbungsfotos sowie dem durch Augenschein zugänglichen Zustand der beigefügten Belege (Zeugniskopien) vor. Dabei stehen zunächst nur formale Kriterien des Anschreibens im Focus (vgl. *Goth,* Bewerbervorauswahl 2009, S. 41). Denn formale Kriterien vermitteln bereits einen ersten Eindruck vom Bewerber. Fraglich ist mithin, welcher Aussagewert ihnen beigemessen werden kann. D.h. es ist kritisch zu hinterfragen, ob sie bereits eine Basis für eine erste zuverlässige Einschätzung eines Bewerbers darstellen.

1. Formale Kriterien

Den Ausgangspunkt der Sichtprüfung stellt die Begutachtung des Bewerbungsanschreibens nach formalen Gesichtspunkten dar. Diesbezüglich wird insbesondere zu prüfen sein, ob die **DIN 5008** eingehalten wurde. Hinter der Abkürzung DIN verbirgt sich der Ausdruck **»Deutsche Industrie Norm«**. Als Norm, lat. Norma, also Regel oder Vorschrift, ist die DIN für die deutsche Industrie verbindlich. Darüber hinausgehend in der EU verbindliche Normierungen werden durch entsprechenden Zusatz, also als E-DIN, gekennzeichnet. Die DIN 5008 normiert Schreib- und Textgestaltungsvorschriften, insbesondere für den Schriftverkehr in der Industrie, also den Unternehmen untereinander.

In Verbindung mit der DIN A4 ist neben der Verwendung von weißem, 80 gr./m2 schwerem Papier auf die Einhaltung von:
- Schriftgröße
- Schriftfarbe (schwarz)
- Abstände
- Textfelder
- Randeinteilungen

zu achten. Abweichungen von diesen Vorgaben, lassen bereits darauf schließen, dass ein Bewerber förmliche Umgangs- und Verhaltensregeln nicht hinreichend verinnerlicht hat. Sodann wird der Text des Bewerbungsanschreibens auf Schreibfehler und sprachliche Schwächen, etwa in der Ausdrucksweise, untersucht (vgl. *Manke,* Personalauswahlverfahren 2008, S. 28). So soll die Verwendung vieler Konjunktive auf Unsicherheit, häufige Superlative hingegen auf Selbstüberschätzung und die Verwendung von Präsens in der Verbform auf eine motivierte, zahlreiche Adjektive hingegen auf eine frustrierte Persönlichkeit hindeuten (vgl. *Manke,* Personalauswahlverfahren 2008, S. 28).

Letztlich kann aufgrund qualitativ hochwertiger Bewerbungsunterlagen auf eine ernsthafte und umgekehrt, bei geringwertigen Belegen, auf eine schlechte Motivation und Sorgfalt geschlossen werden.
Defizite in der sprachlichen Ausdrucksweise können auf ein schwach ausgebildeten Denkvermögen und ein unterdurchschnittlich ausgebildetes Differenzierungsvermögen schließen lassen.

2. Teilergebnisse und kritische Würdigung

Mithin ist die Inaugenscheinnahme einer Bewerbung aufschlussreicher, als zunächst zu vermuten war. Insbesondere die Einhaltung der formalen Kriterien zur Blatteinteilung nach der DIN-Vorschrift, die Sorgfalt bei der Abfassung des Bewerbungsanschreibens und die Sicherstellung hoher Qualität bei den Kopien der Belege, setzen eine entsprechende Bildung und fortgeschrittene Persönlichkeitsentwicklung voraus. Ob hingegen aus der Häufigkeit der Verwendung von Konjunktiven, Superlativen, Adjektiven etc. auf Persönlichkeitsmerkmale geschlossen werden kann, scheint nicht zweifelsfrei zu überzeugen. Das Bewerbungsanschreiben wird nicht frei von Zwängen verfasst. Insbesondere die möglichst genaue Anlehnung an die Vorgaben aus der Stellenanzeige einerseits sowie die möglichst prägnannte Darstellung der eigenen Qualifikation können dazu führen, dass Konjunktive oder Superlative oder Adjektive häufiger verwendet werden, als ohne die Zwänge verwendet würden. Aber auch die These, dass die Qualität der Belege auf die Motivation schließen lässt, kann zu Trugschlüssen führen. Denn auch ein Blender versteht sein Handwerk und weiß wie durch Manipulationen in der formalen Gestaltung über inhaltliche Unzulänglichkeiten hinweggetäuscht werden kann (vgl. *Manke,* Personalauswahlverfahren 2008, S. 28). Im Ergebnis kann der Inaugenscheinnahme nur eine geringe indizielle Aussagekraft beigemessen werden. Sie ist keinesfalls absolut zuverlässig und kann zu Trugschlüssen führen. Daher sollten die Einschätzungen auf Grund förmlicher Kriterien als vorläufig eingestuft und einer weitergehenden Absicherung zugeführt werden.

II. Bewerbungsanschreiben und Lebenslauf

1. Analyse des Anschreibens

An die Inaugenscheinnahme der Bewerbung und der darauf basierenden Vorauswahlentscheidung, knüpft die inhaltliche Prüfung der Bewerbung, insbesondere des Bewerbungsanschreibens an. Allerdings gibt es für eine Bewerbung grundsätzlich verschiedene Wege und Techniken. So wäre grundsätzlich auch eine mündliche Bewerbung, etwa telefonisch oder persönlich, denkbar. Auch kann eine Bewerbung blind, also unaufgefordert (vgl. *Manke,* Personalauswahlverfahren 2008, S. 27), insbesondere jedoch nach Aufforderung etwa durch eine Stellenanzeige und mithin in Kenntnis einer freien Stelle, erfolgen. Vom eingangs formulierten Grundsatz ausgehend, sollte die schriftliche, auf eine wohlstrukturierte Stellenanzeige bezogene Bewerbung, somit die Regel sein.

Ob demgegenüber die elektronische Bewerbung als alternative Bewerbungskategorie zu erwägen wäre, ist fraglich.

Denn im Unterschied zur Papierbewerbung (vgl. *Migula/Alewell,* Personal 1999, 601; *Manke,* Personalauswahlverfahren 2008, S. 46), werden die biometrischen Daten elektronisch gespeichert und über das Internet versandt (vgl. *Gourmelon,* DÖD 2007, 245). Die so als Internetbewerbung bezeichnete Kategorie kann als:

- E-Mail-Bewerbung

oder

- Online-Bewerbung

erfolgen (vgl. *Schindler,* Personal 1999, 605; *Manke,* Personalauswahlverfahren 2008, S. 46).

Auch können beide Kategorien wiederum als Kurz- oder Langbewerbung erfolgen (vgl. *Manke,* Personalauswahlverfahren 2008, S. 27). Eine Kurzbewerbung beinhaltet keine Belege, d.h. keinen Lebenslauf und keine Zeugnisse. Da somit eine eignungsdiagnostische Überprüfung der Behauptungen zur Qualifikation des Bewerbers nicht möglich ist, wird sie wohl eher als Form einer Blindbewerbung erfolgen. Dabei wird wohl von der Erwartung ausgegangen, dass bei dem Arbeitgeber durch diese Art und Weise einer Bewerbung ein gesteigertes Interesse geweckt werden könnte, aufgrund dessen die übrigen Bewerbungsunterlagen erbeten würden. Insoweit bietet zwar insbesondere die Online-Bewerbung die Möglichkeit, komplette Bewerbungsunterlagen, also einschließlich Zeugnisse und sonstige Nachweise, elektronisch zu übermitteln (vgl. *Schindler,* Personal 1999, 605) oder standardisierte Bewerbungsformulare online auszufüllen (vgl. *Manke,* Personalauswahlverfahren 2008, S. 46). Jedoch haben Umfragen ergeben, dass die Anzahl der per Internet eingehenden Bewerbungen, mithin auch unaufgeforderter Bewerbungen (Blindbewerbungen), durch die verfügbaren Kapazitäten kaum zu bewältigen sind (vgl. *Scholz,* WiSt 1998, 430 f.; *Manke,* Personalauswahlverfahren 2008, S. 48; *Gourmelon,* DÖD 2007, 245). So wird, im Zuge der von den Unternehmen praktizierten Filtering, bereits ein Großteil elektronischer Bewerbungen gar nicht erst wahrgenommen. Andererseits bestehen auch hinsichtlich der Verarbeitung elektronisch gestützter biometrischer Daten datenschutzrechtliche Bedenken (vgl. *Oberwetter,* BB 2008, 1563 ff.). Somit scheidet auch die Online-Bewerbung als effektive Bewerbungskategorie für die hiesige Untersuchung aus.

Schließlich verbleibt noch die Möglichkeit der E-Mail-Bewerbung, der eine Datei mit den Zeugnissen und weiteren Belegen angehängt werden kann. Allerdings können solche Attachments, also der E-Mail beigefügte Dateien, nicht von jedem Rechner aus geöffnet werden. Auch werden die Attachments häufig auch aus Virenschutzgründen nicht geöffnet (vgl. *Scholz,* WiSt 1998, 429; *Manke,* Personalauswahlverfahren 2008, S. 46). Somit ist auch diese Kategorie wohl kaum geeignet, die Wahrnehmung der Bewerbung durch das Unternehmen sicherzustellen.

Im Ergebnis dürfte auch unter Berücksichtigung der zunehmenden Möglichkeiten für elektronische Bewerbungen, eine auf postalischem Wege übermittelte Papierbewerbung noch die größeren Chancen auf eine Kenntnisnahme gewährleisten.

2. Analyse des Lebenslaufes

Im Gegensatz zum vorausgegangenen Verfahren, wird nunmehr der materielle Gehalt einer Bewerbung einer Prüfung unterzogen. Hierzu gehört die Untersuchung, ob das Eignungsprofil des Bewerbers mit dem Anforderungsprofil des Unternehmens hinreichend übereinstimmt. Geprüft wird, ob und wie der Bewerber sein Eignungsprofil darstellt und dabei den unmittelbaren Bezug zur Stellenanzeige erkennen lässt (vgl. *Goth,* Bewerbervorauswahl 2009, S. 43). Denn die in einer Stellenanzeige zur begrifflichen Bezeichnungen der jeweiligen Eignungsmerkmale üblicherweise verwendeten Fachtermini, sind den wenigsten Bewerbern in zureichendem Maße bekannt, so dass die mit einem zutreffenden Begriffsverständnis korrespondierende Begriffsklärung, auf hohe Motivation schließen lässt. Zurückhaltung ist daher vor allem geboten, wenn diese aus der Stellenanzeige zu entnehmenden Fachtermini lediglich wortlautgetreu wiedergegeben werden.

So lässt die (bloße) Wiederholung, etwa der Eignungsmerkmale zur Kommunikation, Teamfähigkeit oder Belastbarkeit, darauf schließen, dass vom Bewerber keine inhaltliche Auseinandersetzung mit der Begrifflichkeit vorausgegangen ist. Mithin verfügt ein solcher Bewerber auch nicht über ein zutreffendes Bild hinsichtlich des Anforderungsprofils. Vielmehr wird in solchen Fällen auf einen »blinden Bewerbungseifer« und weniger auf eine wohldurchdachte Bewerbung zu schließen sein. Mithin wird der Bewerber bereits in dieser Phase des Auswahlverfahrens scheitern.

Sofern ein Bewerber auch diese Hürde genommen hat, werden seine Ausführungen einer materiellen Untersuchung zugeführt. Es wird geprüft, ob die im Bewerbungsanschreiben dargestellte Qualifikation wahr ist und belegt worden ist (*vgl. Manke,* Personalauswahlverfahren 2008, S. 27). Die Angaben einer Bewerbung gelten als »wahr«, wenn sie frei von inhaltlichen Widersprüchen sind. Für die Prüfung auf Widersprüche sind zeitliche, örtliche und sachlich-begriffliche Kriterien, die aus dem Lebenslauf hervorgehen, mit den Angaben in den Belegen (Zeugnissen) abzugleichen (*vgl. Manke,* Personalauswahlverfahren 2008, S. 27). Insoweit hat der Lebenslauf die Funktion, über die persönlichen schul- und berufsbezogenen Daten eines Bewerbers Auskunft zu geben. Er stellt mithin eine Art Inhaltsanalyse der Bewerbungsunterlagen dar (vgl. *Manke,* Personalauswahlverfahren 2008, S. 30). So sollten diese Kriterien soweit sie dem Bewerbungsanschreiben und Lebenslauf entnommen werden können mit den zeitlichen, örtlichen und sachlichen Angaben in den Belegen (Zeugnissen) übereinstimmen.

Diesbezüglich kann sich eine Lebenslaufanalyse auf folgende Kriterien erstrecken (vgl. *Manke,* Personalauswahlverfahren 2008, S. 31):
- Inhaltsanalyse:
- Wurde der Werdegang zeitlich und sachlich vollumfänglich und widerspruchsfrei wiedergegeben?
- Sind diese Angaben durch Belege nachgewiesen?
- Zeitfolgenanalyse:
- Gibt es in der zeitlichen Abfolge Lücken oder Überschneidungen?
- Gibt es Hinweise auf Manipulationen?
- Kontinuitätsanalyse:
- Sind schulische und berufliche Ausbildung konstant und linear verlaufen?
- Wurde die schulische oder berufliche Richtung öfter gewechselt?
- Unternehmens- und Branchenanalyse:
- In welchen Branchen und Unternehmen wurde gearbeitet?
- Konnten dort vorteilhafte Erfahrungen gesammelt werden?
- Positionsanalyse:
- In welchen Positionen und welcher Hierarchiestufe wurde gearbeitet?
- Ging ein Arbeitsplatzwechsel mit einem beruflichen Auf- oder Abstieg einher?

Vor diesem Hintergrund gibt es für die formale Gestaltung eines Lebenslaufes keine einheitlichen Vorgaben. Jedoch dürfte der chronologisch-tabellarische Lebenslauf insgesamt eine bessere Diagnostik ermöglichen als andere Formen (vgl. *Manke,* Personalauswahlverfahren 2008, S. 30).

Denn es können sich insbesondere aus einem Vergleich der Zeiträume Abweichungen ergeben. Aber auch örtlich-räumliche Abweichungen oder unterschiedliche Bezeichnungen von Tätigkeiten im Lebenslauf einerseits und in den Zeugnissen oder Tätigkeitsbescheinigungen andererseits, werden durch einen Vergleich offenbar. Zudem müssen sämtliche Qualifikationen durch Zeugniskopien oder anderen Prüfungszeugnissen nachgewiesen werden. Fehlt ein solcher Nachweis, liegt die Vermutung nahe, dass die Qualifikation tatsächlich nicht erworben wurde.

3. Teilergebnis und kritische Würdigung

Im Gegensatz zur formellen Prüfung (Inaugenscheinnahme) erweist sich die Lebenslaufanalyse und der Vergleich mit den Belegen, als effektives und relativ zuverlässiges Verfahren um Widersprüche und Abweichungen aufzuhellen. Voraussetzung ist jedoch, dass keine elektronische, sondern eine Papierbewerbung vorgelegt wurde. Zwar sind internetgestützte Bewerbungen im Trend, jedoch überwiegen, wie oben gezeigt wurde, bislang die Nachteile. Dies gilt nicht nur in Bezug darauf, dass Internetbewerbungen einer eignungsdiagnostisch umfassenden Untersuchung kaum zuträglich sind, sondern auch in Bezug auf die Zurückhaltung der Unternehmen. Mithin ist aus eignungsdiagnostischer Sicht die Papierbewerbung zu favorisieren.

Dies gilt bereits mit Blick auf den Umstand, dass ein Bewerber mit seinem Bewerbungsanschreiben mangelnde Motivation offenbart, wenn es ihm nicht gelingt, den unmittelbaren Bezug zwischen Anforderungsprofil und Eignungsprofil herzustellen. Mit derartigen Lücken kann dann gezielt anhand der Belege der Nachweis solcher Lücken oder Widersprüche geführt werden. Diese Technik ist sehr effektiv und wenn man die Fälle, in denen ein Bewerber durch intelligente Manipulation von Darstellung und Fälschung von Belegen zu täuschen vermag ausblendet, auch relativ zuverlässig. Hingegen ist die Widerspruchsfreiheit und Lückenlosigkeit einer Bewerbung noch kein absolutes Indiz für eine hinreichende Qualifikation, sondern nur ein relatives Indiz. Schließlich stellt sich häufig auch ein Vergleich der Lebensläufe verschiedener Bewerber als problematisch heraus. Denn mangels einheitlicher formaler Kriterien können Lebensläufe verschiedener Bewerber nur schwer miteinander verglichen werden. Insgesamt ist jedoch festzustellen, dass der Befund von Widerspruchsfreiheit und Lückenlosigkeit zwischen Bewerbungsanschreiben, Lebenslauf und Belegen zumindest die Vermutung trägt, dass der Bewerber geeignet ist. Daher muss diese Vermutung im Einzelfall durch weitergehende Analyse von Inhalt, Aussagekraft und Zuverlässigkeit der restlichen Belege bestätigt oder widerlegt werden.

III. Belegprüfung

Zu den Belegen einer Bewerbung zählen, wie oben bereits aufgeführt wurde, alle schriftlichen Aufzeichnungen, die erforderlich und geeignet sind, das vom Bewerber anbehauptete Eignungsprofil nachzuweisen.

Der Umfang, also die Anzahl der Belege, ist grundsätzlich von der individuellen Qualifikation abhängig und daher keiner pauschalen Bemessung zugänglich. Allerdings sind nachfolgend aufgeführten Belege einer aussagekräftigen Bewerbung grundsätzlich beizufügen (vgl. *Rosner,* DB 1980, 30), wobei das Bewerbungsanschreiben selbst, ein eventuelles Deckblatt oder eine „Dritte Seite" nicht zu den Belegen gezählt werden. So enthält das Bewerbungsanschreiben lediglich die Behauptungen, die durch Belege wie etwa:

- Lebenslauf
- Schulabschlusszeugnis(se)
- Berufsschulzeugnis
- Arbeitszeugnis(se)
- Weitere

glaubhaft zu machen sind. Dabei können im Einzelfall auch andersartige Belege erforderlich sein. In Betracht kommen zum Beispiel, Hochschulzeugnis, Meisterbrief, Zertifikate oder sonstige Nachweise einer Zusatzqualifikation.

Vom Grundsatz der Vollständigkeit ausgehend, ist jede schulische und berufliche Qualifikation durch entsprechenden Beleg nachzuweisen. In Bezug auf die Eignung könnte dieser Grundsatz jedoch zu durchbrechen sein. Denn Arbeits-, Sozial-, oder Kommunikationsverhalten sowie die Belastbarkeit hinsichtlich bestimmter Arbeitsbedingungen, können nur durch qualifizierte Arbeitszeugnisse belegt werden.

Sofern aber Arbeitszeugnisse nicht vorliegen, kann ein Nachweis entsprechender Behauptungen nicht erbracht werden. Fehlende Belege werden daher im Zweifel zu Lasten des Bewerbers gewertet (vgl. *Rosner,* DBw 1980, 31; *Schneeweis,* WiSt 1993, 430).

1. Schulzeugnisanalyse

Im Verlauf der Begutachtung einer Bewerbung erweist sich das letzte Schulzeugnis, in der Regel das Schulabschlusszeugnis, als erster informativer Beleg über die behauptete **Befähigung** eines Bewerbers. Mithin stellt sich auch hier die Frage, wie aussagekräftig die Schulnoten in Verbindung mit den jeweiligen Schulfächern sind. Auch ist zu hinterfragen, wie zuverlässig Zeugnisnoten, gerade auch im Hinblick auf die Vergleichbarkeit sind.

Der Begriff »**Zeugnis**« könnte abstrakt als:
> Urkunde zur glaubhaften Dokumentation eines zur tatsächlichen Kenntnis gelangten Tatbestandes

definiert werden. In Bezug auf die Glaubhaftigkeit wird bei Zeugnissen aller Art, also auch hinsichtlich der Schulzeugnisse, von der Annahme ausgegangen, dass der Tatbestand nach bestem Wissen und Gewissen dokumentiert wurde. Ein Beweisbedürfnis besteht für die objektive Richtigkeit damit für Zeugnisse nicht.

Die Art und Weise hingegen, wie der Tatbestand zur Kenntnis gelangt ist, also etwa durch eine Prüfungskommission, eigene Beobachtung oder durch wissenschaftliche Erkenntnisverfahren, ist von der Zeugniskategorie abhängig.

Auch wird der jeweilige Tatbestand erst durch die jeweilige Kategorie des Zeugnisses bestimmt. So können sich Zeugnisse tatbestandlich auf:
- Schulische Leistungen
- Forschungsleistungen
- Gesundheit
- Polizeiliche Führung
- Berufliche Leistungen

beziehen.

a) Informationsgehalt

So informiert ein schulisches Abschlusszeugnis über:
- Schultyp
- Bildungsniveau
- Einzelfächer
- Notenstufen
- Fehlzeiten.

Vom Schultyp her können:
- Allgemeinbildende Schulen
- Berufsbildende Schulen
- Gesamtschulen

unterschieden werden. Wobei vom Ranking her, die Gesamtschulen in der Regel, der vorstehenden Folge entsprechend, am schlechtesten bewertet werden.

Die Zusammenstellung der Einzelfächer ist wiederum vom Bildungsniveau abhängig.

Beginnend mit den schulischen Oberstufen (Gymnasien) ergibt sich, ohne Rücksicht auf die Unterschiede in den Bundesländern, abstrakt folgende Fächereinteilung (vgl. *Simon*, Personalwirtschaft 1978, 38; *Rosner*, DBw 1975, 165):
- Geistes- oder naturwissenschaftliche Einzelfächer
- Theoretische oder praktische Einzelfächer
- Musikalische oder sportliche Einzelfächer.

Abschlusszeugnisse der ersten Kategorie sind somit ein Hinweis für wissenschaftliche Orientierung. Bei Bewerbern wird hier die Fähigkeit zum abstrakten Denken vermutet. Entsprechende Einzelfächer sind vor allem, ohne Anspruch auf Vollständigkeit, Deutsch und Mathematik einerseits, sowie Chemie, Biologie andererseits. Indiziell lassen diese Einzelfächer auf sprachliche Begabung oder analytisches Denkvermögen bzw. auf naturwissenschaftlich-/experimentelles Verständnis schließen.

Entsprechend der obigen Einteilung dürften in der Berufspraxis die theoretischen und praktischen Einzelfächer den wichtigsten Informationsgehalt in Bezug auf Lernverhalten, Gedächtnisleistung und Fleiß, beinhalten (vgl. *Simon*, Personalwirtschaft 1978, 39; *Leuther*, Personalwirtschaft 1981, 21).

Im Ergebnis eröffnet ein Schul(abschluss)zeugnis somit Einsichten in Bezug auf:
- Erreichten Abschluss
- Schulkategorie und Schulvergleich
- Individuelle Fächerorientierung

die wiederum auf:
- Bildungsniveau
- Bildungsqualität
- kognitive Fähigkeiten

schließen lassen.

b) Teilergebnisse und kritische Würdigung

Die Aussagekraft der Schulzeugnisse ist wegen der Einteilung in Schulfächer, Schulklassen und den Notensystem sehr differenziert. Bereits aus diesem Grund könnte angedacht werden, den Schulzeugnissen eine besonders authentische Aussagekraft beizumessen. In der Praxis scheint jedoch diesbezüglich eher Zurückhaltung zu überwiegen (vgl. *Leuther*, Personalwirtschaft 1981, 21; *Rosner*, DBw 1975, 165).

Denn zum einen sind auch Schulnoten die Folge einer subjektiven Wertung des jeweiligen Lehrkörpers, die nicht frei von Einflüssen sein können (*vgl. Manke*, Personalauswahlverfahren 2008, S. 45). So erfahren die Schulzeugnisse und die ihnen zugrundeliegende Notengebung seit Beginn der 70er Jahr zunehmend Kritik (vgl. *Valtin,* Note 2002, S. 12).

Zum anderen ist zu berücksichtigen, dass mit fortschreitendem Alter eines Bewerbers seine Schulzeugnisse an Aussagekraft verlieren, da sie seine Entwicklung nicht zutreffend berücksichtigt werden kann (*vgl. Manke*, Personalauswahlverfahren 2008, S. 45).

Darüber hinaus wird kritisiert, dass zwischen Schulfächern und den berufspraktischen Anforderungen kaum ein Zusammenhang besteht (vgl. *Manke,* Personalauswahlverfahren 2008, S. 45).

Dies wird besonders deutlich, wenn man bemerkt, dass gute Schüler in der Praxis schlechte Leistungen zeigen können, während umgekehrt schlechte Schüler im Berufsleben überragende Leistungen bringen können. Mithin fehlt der Zusammenhang zwischen Schulzeugnissen und Berufspraxis, so dass Schulnoten kaum zuverlässige Aussagen erlauben. Andererseits wird auch in der Praxis gleichwohl auf Schulabschlusszeugnisse geachtet. Denn oftmals entscheidet gerade die Stufe des Abschlusses, ob ein Bewerber als geeignet eingeschätzt wird oder nicht.

So sind mittlere Reife oder Hochschulreife die überwiegenden Anforderungen an Bewerber. Insoweit kann auf Schulabschlusszeugnisse nicht ganz verzichtet werden.

2. Arbeitszeugnisanalyse

Die Analyse von Arbeitszeugnissen wird in der Bewerbungspraxis eine besondere Gewichtung beigemessen (vgl. *Manke,* Personalauswahlverfahren 2008, S. 39). So eröffnet insbesondere das Arbeitszeugnis die Möglichkeit, die im Lebenslauf dargelegten beruflichen Qualifikationen und Berufserfahrungen zu überprüfen. Darüber hinaus geben, zumindest qualifizierte Arbeitszeugnisse, Auskunft über Erfahrungen im Umgang mit dem Mitarbeiter und geben die Bewertung von Leistungs- und Verhalten wieder. Allerdings ist zu beachten, dass insbesondere Arbeitszeugnisse keine negativen Formulierungen enthalten dürfen (vgl. *Manke,* Personalauswahlverfahren 2008, S. 42). Daher sind die Unternehmen gehalten, negative Wertungen durch positive Formulierungen (codiert) zum Ausdruck zu bringen. Insoweit ist insbesondere kritisch zu untersuchen, ob und vor allem wie aus Arbeitszeugnissen Bewertungen von Leistung und Verhalten herausgelesen werden können und wie zuverlässig diese Wertungen sind?

a) Einfaches und qualifiziertes Arbeitszeugnis

Ebenso wie alle anderen Zeugnisarten, außer Halbjahres- und Zwischenzeugnisse, wird auch das Arbeitszeugnis erst am Ende eines Tatbestandes, konkret zum Zeitpunkt der Beendigung eines Beschäftigungsverhältnisses, fällig.

Hat der Arbeitgeber zuvor jedoch ein Zwischenzeugnis erteilt, ist er regelmäßig auch in Bezug auf das Endarbeitszeugnis gebunden (vgl. *BAG,* DB 2008, 245). Je nach Art des Beschäftigungsverhältnisses resultiert der Anspruch auf ein einfaches oder qualifiziertes Arbeitszeugnis aus verschiedenen gesetzlichen Anspruchsgrundlagen (§ 630 BGB; § 73 HGB a.F.; § 109 GewO; § 5 III BetrVG; § 8 I BBiG).

Der Anspruch des Arbeitnehmers auf ein einfaches Arbeitszeugnis kann sich aus direkter oder analoger Anwendung des § 109 I, 2 GewO ergeben. Soweit das einfache Arbeitszeugnis lediglich auf Informationen über:
- Art und Dauer der Beschäftigung
- Detaillierte Tätigkeitsbeschreibung
- Befugnisse und Vollmachten

erstreckt (vgl. *Mauritz/Wischnath,* AuR 2006, 224; *Noppeney,* Personal 1971, 87), werden lediglich Rückschlüsse auf den bisherigen betrieblichen Werdegang offenbar. Mangels Informationen über die Qualität von Leistung und Sozialverhalten, ist dieser Zeugnisart nur eine geringe Aussagekraft beizumessen. Eine Aussagekraft kann daher nur Arbeitszeugnissen beigemessen werden, die gem. § 109 I, 3 GewO auf eine Beurteilung von Leistung und Verhalten erstreckt wurden.

Demgegenüber kann der Anspruch auf ein qualifiziertes Arbeitszeugnis auch verwirkt worden sein. Das Bundesarbeitsgericht geht in ständiger Rechtsprechung davon aus, dass der Anspruch auf Erteilung eines qualifizierten Arbeitszeugnisses wie jeder schuldrechtliche Anspruch der Verwirkung unterliegt (vgl. *BAG,* BB 1988, 978). Dies setzt allerdings voraus (vgl. *BAG,* DB 2008, 247), dass der Arbeitnehmer sein Recht auf ein Arbeitszeugnis über einen längeren Zeitraum hinweg nicht wahrgenommen hat (Zeitmoment) und dadurch bei dem Arbeitgeber die Überzeugung hervorgerufen hat, er werde sein Zeugnisanspruch nicht mehr durchsetzen (Umstandsmoment). Dies habe schließlich zur Folge, dass dem Arbeitgeber die Erfüllung des Rechts auf Erteilung eines qualifizierten Arbeitszeugnisses nach Treu und Glauben unter Berücksichtigung der Umstände des Falles nicht zumutbar sei (vgl. *BAG,* BB 2006, 1168). Ein solches Recht könne ungeachtet der Verjährung, bereits sechs Monate nach dem Ausscheiden aus dem Betrieb verwirkt sein (vgl. *BAG,* BB 1989, 978).

Daher kann der Umstand, dass ein Arbeitszeugnis nicht zur Grundlage der Bewerbung gemacht werden kann, ausnahmsweise auf eine solche Verwirkung zurückzuführen sein. Um daher ausschließen zu können, dass die Verwirkung zur Vermeidung eines ungünstigen Arbeitszeugnisses absichtlich herbeigeführt wurde, müsste das jeweilige Motiv hinterfragt werden.

Soweit ein qualifiziertes Arbeitszeugnis auf die Merkmale:
- Bewertung von Leistung und Führung
- Angaben über Art und Grund des Ausscheidens

sowie
- auf die Dauer des Arbeitsverhältnisses

zu erstrecken (vgl. *Mauritz/Wischnath,* AuR 2006, 224; *Noppeney,* Personal 1971, 88) ist, muss der Arbeitgeber die Grundsätzen der:
- Zeugniswahrheit

und
- Zeugnisklarheit

beachten (vgl. *BGH,* AP Nr. 1 zu § 73 HGB; *BAG,* DB 2008, 246). Dabei wird die Beachtung dieser Grundsätze im Zweifel zu Lasten der Arbeitnehmer widerlegbar vermutet. Deshalb trägt auch der Arbeitnehmer, sofern er ein Arbeitszeugnis anzweifelt, die Beweislast.

b) Analyse formaler Gestaltungen

Zeugnisse sind formal in geeigneter Art und Weise zu erteilen. Die Art und Weise ist nach der Rechtsprechung des Bundesarbeitsgerichtes (BAG) geeignet, wenn formelle und materielle Richtlinien eingehalten werden. So muss ein Arbeitszeugnis in formeller Hinsicht nach § 109 GewO schriftlich verfasst und in der Textgestaltung der zum Ausstellungszeitpunkt aktuellen DIN 5008 entsprechen (vgl. *BAG,* 5 AZR 182/92). Die Übersendung des Arbeitszeugnisses per E-Mail ist daher unzulässig (vgl. *Mauritz/Wischnath,* AuR 2006, 225).

Werden vom Arbeitgeber im geschäftlichen Verkehr Firmenbriefbögen verwendet, hat der Arbeitnehmer einen Anspruch darauf, dass auch für das Arbeitszeugnis ein Firmenbriefbogen verwendet wird (vgl. *Mauritz/Wischnath,* AuR 2006, 225; *Noppeney,* Personal 1971, 84). Insoweit teilt die Rechtsprechung die Ansicht, dass die Verwendung von neutralem Papier, trotz Firmenstempel, als Indiz für ein Gefälligkeitszeugnis gewertet werden könnte. So kann grundsätzlich von der äußeren Form und dem Zustand des Arbeitszeugnisses auf dessen wirklich gewollte Wertigkeit geschlossen werden (vgl. *Mauritz/Wischnath,* AuR 2006, 225). Insoweit sollte qualitativ hochwertiges Papier, frei von Falten und Verunreinigungen verwendet worden sein. Hingegen können mehrfache Faltungen, Verunreinigungen und formale Mängel, als Hinweis auf eine gewollte Distanzierung vom wohlwollend formulierten Zeugnisgehalt gedeutet werden.

Schließlich sollte sich die Anschrift des Empfängers nicht im Adressfeld befinden, sondern in der ersten Ebene erwähnt werden. Anderenfalls könnte der Verdacht naheliegen, dass Arbeitszeugnis sei nach einer inhaltlichen Korrektur erneut zugestellt worden (vgl. *Mauritz/Wischnath,* AuR 2006, 225).

Aufbautechnisch können drei Ebenen, die sich auf mehr als eine DIN A4 Seite erstrecken können, aber nicht sollten, unterschieden werden. Die erste Ebene gibt insoweit Auskunft über den Absender, den Arbeitnehmer und Zeitraum des Beschäftigungsverhältnisses.

Die zweite Ebene besteht dann in einer Beschreibung der vom Arbeitnehmer im Betrieb wahrgenommenen Tätigkeiten. In diesem Zusammenhang erfolgt eine Bewertung der Arbeitsleistung und des Sozialverhaltens während der gesamten Dauer des Beschäftigungsverhältnisses (vgl. *Nicolai,* WISU 2008, 554). Eine Verschlüsselung dieser Bewertungen durch einen Zeugniscode hat die Rechtsprechung trotz heftiger Einwände aus der Kommentarliteratur grundsätzlich für zulässig erachtet (vgl. *BAG,* 5 AZR 573/91). Allerdings wird dessen Bedeutung von den Bewerbern auch häufig überschätzt.

Die entscheidenden Informationen werden erst in der **dritten** Ebene, durch eine spezielle Verschlüsselungstechnik der Schlussformel, vermittelt. Ein formell vollständiges Arbeitszeugnis enthält somit folgende Elemente in der Schlussformel:
1. Grund/Anlass für die Beendigung des Beschäftigungsverhältnisses
2. Bedauern des Ausscheidens und Dank für erbrachte Leistungen/Erfolge
3. Zukunftswünsche:
4. Beruflich Erfolg
5. Privat alles Gute
6. Keine ergänzenden Hervorhebungen
7. Datums- und Ortsangabe

Allerdings hat ein Arbeitnehmer keinen rechtlichen Anspruch auf eine konkrete Formulierung in der Schlussformel (vgl. *BAG,* AZR 44/00). Gleichwohl wird die Dispositionsfreiheit des Arbeitgebers hinsichtlich der Formulierung dieser Schlussformel durch die oben bereits genannten Grundsätze der Zeugniswahrheit und Zeugnisklarheit eingeschränkt (vgl. *BAG,* DB 2008, 246). Daher müssen die Formulierungen in der Schlussformel jeweils der wahrheitsgemäßen und zutreffenden Beurteilung des Arbeitnehmers entsprechen. Ist dies hingegen nicht der Fall, erwächst dem betroffenen Arbeitnehmer gegen den Arbeitgeber ein Zeugnisberichtigungsanspruch, der sich dann auch auf die konkrete Formulierung in der Schlussformel erstreckt.

Das Arbeitszeugnis muss aktuellen Datums sein, also mit dem Ende des Beschäftigungsverhältnisses übereinstimmen. Auch diesbezüglich besteht gegebenenfalls ein Korrekturanspruch des Arbeitnehmers.

Das Arbeitszeugnis muss von dem nächst ranghöheren Vorgesetzten des Arbeitnehmers eigenhändig unterzeichnet sein (vgl. *BAG,* 9 AZR 507/04). Faltungen sind grundsätzlich zulässig, dürfen aber die Qualität als Urkunde nicht beeinträchtigen. Dies ist wiederum stets der Fall, wenn Knicke oder Falten sich auch auf einer Fotokopie abzeichnen (vgl. *BAG,* 9 AZR 893/98).

Arbeitszeugnisse die bereits den formellen Anforderungen nicht genügen, können in der Bewerbungspraxis unberücksichtigt bleiben. Wegen der damit verbundenen Risiken hat jeder Beschäftigte daher einen rechtlichen Anspruch auf Ausstellung eines formell einwandfreien Arbeitszeugnisses. Dieser verjährt regelmäßig erst nach dreißig Jahren (§ 195 BGB).

Allerdings kann der Anspruch, wie bereits eingangs erwähnt wurde, sechs Monate nach dem Ausscheiden aus dem Betrieb verwirkt sein (vgl. *BAG*, BB 1989, 978).

c) Analyse des Zeugniscodes

Die materiellen, d.h. inhaltlichen Richtlinien knüpfen an die Hinweisfunktion des Arbeitszeugnisses an. Der Wahrheitsgrundsatz gebietet, sowohl negative als auch positive Erkenntnisse und Erfahrungen aus dem Beschäftigungsverhältnis im Arbeitszeugnis zu offenbaren (vgl. *Mauritz/Wischnath*, AuR 2006, 228). So begründen negative Tatbestandsmerkmale einen Warnhinweis und umgekehrt, positive Tatbestandsmerkmale eine Empfehlung. Allerdings stellt die Rechtsprechung an Warnhinweise, wegen des immanenten Risikos für die weitere berufliche Entwicklung, hohe Anforderungen an deren Zulässigkeit und Wirksamkeit.

So dürfen im Arbeitszeugnis keine direkten Negativäußerungen aufgenommen werden. Somit sind gerade positive Hervorhebungen ein Indiz für eine eher schlechte Beurteilung. So kann durch die Betonung der »Pünktlichkeit« oder »Vertrauenswürdigkeit« oder »Genauigkeit« eine bewusste Abwertung im Arbeitszeugnis positiv formuliert werden (vgl. *Knebel*, Mensch und Arbeit 1970, 17). Eine Codierung ist damit zulässig, darf aber nicht missbraucht werden, um Arbeitnehmer über das Gebot von Treu und Glauben hinaus zu diskreditieren (vgl. *BAG*, 5 AZR 573/91). Ein Arbeitszeugnis ist damit nach dem Grundsatz des Wohlwollens zu erstellen (vgl. *BGH*, DB 1964, 517). Für eine negative Bewertung der Arbeitsleistung ist die Abweichung von einer durchschnittlichen Arbeitsleistung eines durchschnittlichen Arbeitnehmers maßgeblich (vgl. *BAG*, AP Nr. 17 zu § 630 BGB). Daher können im Einzelfall durchaus sich aufdrängende Zweifel an der gebotenen Sorgfalt bei der Zeugniserteilung, sowohl zu Lasten, als auch zu Gunsten eines Bewerbers gewertet werden.

Zur Codierung der Bewertung von Arbeitnehmerleistung und Sozialverhalten im zweiten Teil des Arbeitszeugnisses, werden unterschiedliche Varianten genutzt (vgl. *Fricke/Märker*, DBw 1994, 24; *Rosner*, DBw 1975, 166.).

Überwiegend hat sich wohl folgender Zeugnisschlüssel (vgl. *Mauritz/Wischnath*, AuR 2006, 229; *Backer*, Arbeitszeugnisse 2004, 54 f.) für die Bewertung der Arbeitsleistung und Arbeitserfolge in der Praxis bewährt.

Sehr gut:

- Sie/Er hat die ihr/ihm übertragenen Arbeiten **stets** zu unserer **vollsten** Zufriedenheit erledigt.
- Wir waren mit Ihren/Seinen Leistungen in **jeder** Hinsicht **außerordentlich** zufrieden.
- Ihre/Seine Leistungen verdienten **stets** unsere **vollste** Anerkennung.

Gut:
- Sie/Er hat die ihr/ihm übertragenen Arbeiten **stets** zu unserer **vollen** Zufriedenheit erledigt.
- Sie/Er hat die ihr/ihm übertragenen Arbeiten zu unserer **vollsten** Zufriedenheit erledigt.
- Wir **waren** mit Ihren/Seinen Leistungen **voll** und **ganz** zufrieden.

Befriedigend:
- Sie/Er hat die ihr/ihm übertragenen Arbeiten zu unserer **vollen** Zufriedenheit erledigt.
- Wir waren mit Ihren/Seinen Leistungen **jederzeit** zufrieden.
- Ihre/Seine Leistungen **stets** zufriedenstellend.

Ausreichend:
- Sie/Er hat die ihr/ihm übertragenen Arbeiten zu unserer **Zufriedenheit** erledigt.
- Wir waren mit Ihren/Seinen Leistungen **zufrieden.**
- Ihre/Seine Leistungen waren **zufriedenstellend.**

Mangelhaft:
- Sie/Er hat die ihr/ihm übertragenen Arbeiten im **Großen** und **Ganzen** zu unserer **Zufriedenheit** erledigt.
- Wir waren mit Ihren/Seinen Leistungen **zufrieden.**
- Ihre/Seine Leistungen haben den **Erwartungen** entsprochen.

Ungenügend:
- Sie/Er hat die ihr/ihm übertragenen Arbeiten im zu unserer **Zufriedenheit** zu erledigen **versucht.**
- Wir waren mit Ihren/Seinen **Bemühungen** unseren Anforderungen zu entsprechen **zufrieden.**
- Ihre/Seine Leistungen haben unseren **Erwartungen** nicht entsprochen.

Die vorstehenden Varianten weisen, neben den hervorgehobenen begrifflichen Differenzierungen, einen deutlichen Bezug zum schulischen Notensystem auf. Die entsprechende Bewertung der Arbeitsleistung wird sodann durch eine Beurteilung des **Arbeits-** und **Sozialverhaltens** vervollständigt.

Für eine zusammenfassende Verhaltensbeurteilung können folgende Codierungen verwendet werden (vgl. *Mauritz/Wischnath,* AuR 2006, 229):

Sehr gut:
- Ihr/sein Verhalten zu Vorgesetzten, Arbeitskollegen, unterstellten Mitarbeitern und Kunden war **stets** vorbildlich.
- Ihr/sein Verhalten zu Vorgesetzten, Arbeitskollegen, unterstellten Mitarbeitern und Kunden war **stets** korrekt.

Gut:

- Ihr/sein Verhalten zu Vorgesetzten, Arbeitskollegen, unterstellten Mitarbeitern und Kunden **war** vorbildlich.
- Ihr/sein Verhalten zu Vorgesetzten, Arbeitskollegen, unterstellten Mitarbeitern und Kunden **war** korrekt.

Voll Befriedigend:

- Ihr/sein Verhalten zu Vorgesetzten, Arbeitskollegen, unterstellten Mitarbeitern und Kunden war stets **einwandfrei**.

Befriedigend:

- Ihr/sein Verhalten zu Vorgesetzten, Arbeitskollegen, unterstellten Mitarbeitern und Kunden war **einwandfrei**.

Ausreichend:

- Ihr/sein Verhalten zu Vorgesetzten, Arbeitskollegen, unterstellten Mitarbeitern und Kunden war ohne **Tadel**.

Mangelhaft:

- Ihr/sein Verhalten zu Vorgesetzten, Arbeitskollegen, unterstellten Mitarbeitern und Kunden gab zu keiner **Klage** Anlass.

Ungenügend:

- Über Sie/Ihn ist nichts **Nachteiliges** bekannt geworden.

Demgegenüber wird bei der Beurteilung des Sozialverhaltens nach Personenkategorien differenziert. Entsprechend der betrieblichen Organisation, wird im Normalfall die Hierarchie als Bezugsgröße herangezogen.

Daher wird bei einwandfreier Beurteilung das Verhalten gegenüber:
1. Gegenüber Vorgesetzen
2. Mitarbeitern
3. Dritten

in dieser hierarchischen Reihenfolge bewertet (vgl. *Backer,* Arbeitszeugnisse 2004, 57; *Mauritz/Wischnath,* AuR 2006, 224). Umstellungen dieser Reihenfolge deuten dementsprechend auf Konflikte hin (vgl. *Weuster,* Personal 1991, 206).

So wird die Partei, mit der Konflikte aufgetreten sind, stets nachrangig aufgeführt. Entsprechend deutet die Nennung der Vorgesetzten, erst an zweiter oder dritter Position, auf Konflikte mit diesem Personenkreis hin. In ganz extremen Fällen bleibt die Partei, der gegenüber ein unangemessen sozialwidriges Verhalten ausgewiesen werden soll, gänzlich unerwähnt.

Die zweite Ebene im Arbeitszeugnis beinhaltet nach alledem eine differenzierte Bewertung, jeweils des Arbeits- und Sozialverhaltens. Aus Gründen der Praktikabilität wird jedoch in der Schlussformel bereits grob auf das hingewiesen, was in der zweiten Ebene tatsächlich zum Ausdruck gebracht wird.

Für eine Vorauswahl der Bewerber besitzt die dritte Zeugnisebene gegenüber der zweiten Ebene eine primäre Funktion. Im Unterschied zum Zeugnisschlüssel, wird hier mit der Hinweistechnik gearbeitet.

Zur Verschlüsselung des Hinweises für den neuen Arbeitgeber, also einer Warnung oder Empfehlung hinsichtlich des Zeugnisinhabers, werden in der Praxis folgende Techniken angewandt (vgl. *Manke*, Personalauswahlverfahren 2008, S. 43):
1. Text-Ergänzung
2. Text-Kürzung
3. Text-Umstellung
4. Text-Kombination

wobei dieser Reihenfolge entsprechend, Warnungen durch Ergänzungen, Unzulänglichkeiten durch Kürzungen und Vorfälle durch Umstellungen sowie Abwertungen durch Text-Kombination in der Schlussformel zum Ausdruck gebracht werden können.

Die Schlussformel weist, wie oben bereits der Untergliederung zu entnehmen war, insgesamt fünf Ebenen auf. Die 4. Ebene ist für **Text-Ergänzungen** vorgehen. Im Normalfall schließt ein Arbeitszeugnis also mit den Zukunftswünschen sowie Datum- und Ortsangabe ab.

Dementsprechend muss ein Text unterhalb der Zukunftswünsche, also in der **5. Ebene**, besondere Aufmerksamkeit erwecken.

Daher sind Texte an dieser Stelle, gleich welchen Wortlauts, stets als Warnung aufzufassen. Exemplarisch können in dieser Ebene folgende Text-Ergänzungen mit Warnfunktion angeführt werden:
1. Gern halten wir Ihr/Ihm ein Türchen für die spätere Rückkehr offen.
2. Leider hätten wir das Beschäftigungsverhältnis gerne schon vor Insolvenzeröffnung beendet.
3. Sie/Sie stand uns auch noch nach Beendigung des Beschäftigungsverhältnisses für Fragen unserer Personalabteilung zur Verfügung.
4. Sie/Er ist auch nach Beendigung des Beschäftigungsverhältnisses ein gern gesehener Gast.

Deren inhaltliche Bedeutung erschließt sich vollumfänglich stets erst im Zusammenhang mit der Bewertung der Arbeitsleistung (Ergänzung 1 u. 2) oder dem Sozialverhalten (Ergänzung 3 u. 4.). Oftmals reicht jedoch bereits die Warnung als solche, um vom Bewerber Abstand zu nehmen. Wird hingegen eine differenzierte Beurteilung angestrebt, sind zunächst Textkürzungen zu ermitteln.

Kürzungen im Text der Schlussformel, kommen nur in der 2. und 3. Ebene in Betracht. Unvollständigkeiten in der 1. Ebene, also bezüglich der Beendigung des Beschäftigungsverhältnisses, sind nach der Rechtsprechung unzulässig. Dabei deutet der Grund auf einen sachlich-neutralen Beendigungstatbestand hin. Lediglich der Anlass könnte auf ein die Beendigung auslösendes Sozialverhalten des Arbeitnehmers hindeuten.

So kann jeweils mit den Formulierungen, das Ausscheiden erfolgten:
- im beiderseitigen Einverständnis
- aus organisatorischen Gründen
- wegen interner Reorganisation

der wahre Grund, also einem sozialen Fehlverhalten des Arbeitnehmers, durch einen vorgeschobenen Grund positiv formuliert, zum Ausdruck gebracht werden (vgl. *Knebel,* Mensch und Arbeit 1970, 17).

In der 2. Ebenen können die Begriffe »Bedauern« und »Dank« als Kombination oder einzeln verwendet werden, also unerwähnt bleiben. Fehlen zunächst beide Begriffe, könnte darin ein Indiz für Unzufriedenheit sowohl mit der Arbeitsleistung wie auch über die Entwicklung des Beschäftigungsverhältnisses, als Kontext für eine vertrauensvolle Zusammenarbeit, gesehen werden.

Fehlt hingegen nur der »Dank«, könnte dies ein Hinweis darauf sein, dass die Arbeitsleistung anfänglich unterdurchschnittlich gewesen ist. Erst durch betriebliche Einwirkung konnte wohl, leider erst zum Ende des Beschäftigungsverhältnisses hin, eine durchschnittliche bis überdurchschnittliche Arbeitsleistung erzielt werden.

Anders liegt der Fall wiederum, wenn, was recht häufig der Fall sein dürfte, das »Bedauern« fehlt. Möglicherweise kommt darin zum Ausdruck, dass die Arbeitsleistung oder der Arbeitserfolg zum Ende des Beschäftigungsverhältnisses nicht mehr den durchschnittlichen Anforderungen vergleichbarer Arbeitnehmer entsprochen haben. Denkbar ist allerdings auch, dass ein sozialer Konflikt oder eine sich deutlich abzeichnende physisch oder psychisch bedingte Leistungsminderung beim Arbeitnehmer die Ursache ist.

Veränderungen in der 2. Ebene bleiben in der Regel nicht ohne Wirkung für die 3. Ebene. Auch hier ist zunächst technisch die Nichterwähnung beider Begriffe denkbar. So lässt die Nichterwähnung des »Erfolges« auf unterdurchschnittliche Arbeitsleistung und entsprechenden Arbeitserfolg schließen.

Zudem könnte die Nichterwähnung der privaten Zukunftswünsche ein Indiz dafür sein, dass zudem das Sozialverhalten konflikthaltig gewesen ist. Konkretere Hinweise können gegebenenfalls aus der 2. Ebene des Arbeitszeugnisses, also der Bewertung des Arbeits- und Sozialverhaltens, entnommen werden.

Entsprechendes gilt, wenn nur eine von beiden Bezeichnungen erwähnt wird. Konkret lässt die Nichterwähnung des »Erfolges« in der Regel auf eine durchschnittliche Arbeitsleistung bei gutem Sozialverhalten schließen. Umgekehrt hingegen, deutet der fehlende Zukunftswunsch für das Privatleben »alles Gute«, auf überdurchschnittliche Arbeitsleistung und Erfolge bei eher anstößigem Sozialverhalten hin.

Schließlich eröffnet die Technik der Text-Umstellung sowohl in der 2. als auch der 3. Ebene, weitere Möglichkeiten für gezielte Hinweise. So kann in der 2. Ebene eine Umstellung in der Reihenfolge der Erwähnung erfolgen. So würde anstelle des Bedauerns, der »Dank« zuerst erwähnt.

Dies könnte darauf hindeuten, dass zu erwartende überdurchschnittliche Arbeitsleistungen oder Erfolge, zu denen etwa erst durch betriebliche oder außerbetriebliche Schulungen befähigt wurde, anlässlich der Beendigung des Beschäftigungsverhältnisses, dem Unternehmen nicht mehr zum Vorteil gereichen können.

Ähnlich verhält es sich mit einer Reihenfolgenänderung in der 3. Ebene, wenn also anstelle des Erfolges, »alles Gute« gewünscht wird.

Dies möglicherweise vor dem Hintergrund, dass der Arbeitnehmer innerbetrieblichen Erfolg anlässlich seiner überdurchschnittlichen Leistungen, aus privaten Beweggründen nicht wahrgenommen hat.

Letztlich verbleibt noch die Technik, das Arbeitszeugnis durch Text-Kombination insgesamt einer Abwertung zuzuführen. Darin liegt zwar kein unmittelbarer Warnhinweis, gleichwohl aber ein Vorbehalt hinsichtlich der Brauchbarkeit des Zeugnisinhabers als solchen. Solche Vorbehalte kommen etwa zum Ausdruck, indem Berufliches und Privates kombiniert werden.

Grundsätzlich erschöpft sich »alles Gute« im Privatleben. Daher müssen entsprechende Formulierungen wie:
- Wir wünschen Ihr/Ihm <u>beruflich</u> alles Gute
- Wir wünschen Ihr/Ihm für den weiteren <u>beruflichen</u> Werdegang alles erdenklich Gute.

Aufmerksamkeit erwecken.

Dies gilt umgekehrt auch, wenn für die private Zukunft Erfolg gewünscht wird. Erst recht müssen Formulierungen, in denen weder berufliches noch privates erwähnt wird, auf Vorbehalte hinweisen. So etwa die Formulierung:
»Unsere besten Wünsche begleiten Sie/Ihn auf dem weiteren Lebensweg«.

Das Arbeitszeugnis ist grundsätzlich mit einer eigenhändigen Namensunterschrift zu versehen (§ 126 BGB). Ein Faximilienstempel reicht nicht zur Wahrung der Schriftform. Mit seiner Unterschrift übernimmt der Unterzeichnende als Aussteller des Zeugnisses die Verantwortung für dessen inhaltliche Richtigkeit.

Der Dritte, dem das Zeugnis bestimmungsgemäß als Bewerbungsunterlage vorgelegt wird, soll und muss sich darauf verlassen können, dass die Aussagen über Leistung und Verhalten des Arbeitnehmers richtig sind (vgl. *BAG*, BB 2006, 1167). Soweit der Arbeitgeber nicht selbst, sondern ein unternehmensangehöriger Vertreter als Erfüllungsgehilfe damit beauftragt wurde, das Zeugnis in seinem Namen zu erstellen, sind zum einen die Vertretungsverhältnisse und die Funktion des Unterzeichners anzugeben. Zum anderen muss der unterzeichnende Vertreter ranghöher als der Zeugnisempfänger sein. Dies wiederum ist nur anzunehmen, wenn er in Bezug auf den Arbeitnehmer weisungsbefugt war. Ist das Zeugnis hingegen wegen fehlender oder mangelhafter Unterzeichnung nicht ordnungsgemäß, ist der Zeugnisanspruch des Arbeitnehmers nicht durch Erfüllung erloschen. Der Arbeitnehmer kann vom Arbeitgeber verlangen, dass das Zeugnis neu erstellt und mit ordnungsgemäßer Unterschrift versehen, ausgehändigt wird (vgl. *BAG*, BB 2006, 1167).

Letztlich kann auch diese eigenhändige Namensunterschrift unter einem Arbeitszeugnis, nach den unten dargestellten graphologischen Grundsätzen einer Einschätzung unterzogen werden. Oftmals offenbaren sich auch hier sogenannte Negativmerkmale in der Person des Unterzeichners, die Zweifel an einer objektiven Bewertung im Arbeitszeugnis hervorrufen oder verstärken könnten.

Um solche Indizien schließlich zu falsifizieren, sollten alle vorgelegten Arbeitszeugnisse desselben Bewerbers inhaltlich miteinander in Beziehung gesetzt werden.

Ein solcher Vergleich mehrerer Arbeitszeugnisse eines Bewerbers, offenbart sowohl strukturelle Übereinstimmungen als auch derartige Abweichungen in der jeweiligen Bewertung von Leistung und Verhalten. Je häufiger danach die Beurteilungen in den verschiedenen Arbeitszeugnissen übereinstimmen, desto höher ist deren empirischer Wahrheitsgehalt. Soweit die Beurteilungen in den jeweiligen Arbeitszeugnissen inhaltlich wesentlich voneinander Abweichen, stellt sich die Frage, welcher Beurteilung bzw. welchem Arbeitszeugnis der höhere Wahrheitsgehalt beizumessen ist. Schließlich wird man im Zweifel dazu neigen, das schlechteste Arbeitszeugnis in Bezug zu den übrigen, gewichtiger zu werten. Dabei sollte zu Gunsten eines Bewerbers gesehen werden, dass die Sorgfalt der Zeugniserteilung von Arbeitgeber zu Arbeitgeber stark differieren kann. Im Grundsatz kann wohl angenommen werden, dass die Qualität und Sorgfalt der Erstellung eines Arbeitszeugnisses insbesondere beeinflusst wird von der:
- Größe des Unternehmens
- Position die ausgeübt und beurteilt wird
- Dauer des Beschäftigungsverhältnisses
- Kompetenz des Zeugnisurhebers

Deshalb sind die unterschiedlichen Beurteilungen in verschiedenen Arbeitszeugnissen keinesfalls vorbehaltlos zu übernehmen.

Zur weiteren Absicherung sollten daher, ergänzend zu den Arbeitszeugnissen, das Lichtbild und die eigenhändigen Namensunterschriften des Bewerbers auf dem Bewerbungsanschreiben und dem Lebenslauf, einer kritischen Prüfung unterzogen werden, die mit einer sorgfältigen Abwägung und Gewichtung schließen sollte.

d) Teilergebnisse und kritische Würdigung

Die vorstehende Untersuchung hat gezeigt, dass Arbeitszeugnisse eine hochkomplexe Angelegenheit sind. Insbesondere qualifizierte Arbeitszeugnisse sind so angelegt, dass sie ein umfassendes Bild vom Arbeitnehmer zeichnen können, ohne auch nur die geringste negative und abwertende Formulierung zu enthalten. Sie erlauben eine sehr ausführliche Bewertung der Arbeitsleistung, des Führungs- und Sozialverhaltens eines Arbeitnehmers und eine aussagekräftige Beschreibung seiner Tätigkeiten, sowie der erlangten Erfahrungen. Sie geben zudem Aufschluss über die Hintergründe und Anlässe, die zur Beendigung des Arbeitsverhältnisses geführt haben.

Daher sind qualifizierte Arbeitszeugnisse zumindest abstrakt gesehen, sehr gut geeignet, um Bewerber auswählen zu können. Konkret betrachtet, setzt dies jedoch in jedem Einzelfall, in dem ein qualifiziertes Arbeitszeugnis erteilt wird voraus, dass der Aussteller auch über die entsprechend Kompetenz verfügt, um zutreffende Bewertungen vorzunehmen. Dies kann aber nicht für jedes Unternehmen angenommen werden. Es ist zu vermuten, dass insbesondere kleine Unternehmen nicht über geschultes Personal verfügen um solche Arbeitszeugnisse zu erstellen oder mit der Bewerbung eingereichte Arbeitszeugnisse richtig zu lesen (vgl. *Manke,* Personalauswahlverfahren 2008, S. 43). Daraus erwachsen für die Praxis vielfältige Probleme die zur Folge haben, dass die Möglichkeiten die qualifizierte Arbeitszeugnisse eröffnen, nicht vollends ausgeschöpft werden können.

Die Gefahr, dass infolge Unkenntnis Arbeitszeugnisse fehlerhaft verfasst oder unzutreffend interpretiert werden ist sehr hoch. Hinzu kommt, dass die Erstellung eines qualifizierten Arbeitszeugnisses auch für einen Fachmann sehr arbeits- und zeitaufwendig ist.

Ein zutreffendes Arbeitszeugnis verlangt zudem äußerste Sorgfalt, Gewissenhaftigkeit und Objektivität. Aber bereits dem Arbeits- und Zeitaufwand sind stets die Kosten gegenüberzustellen und abzuwägen. Zudem sind Sorgfalt und Gewissenhaftigkeit Attribute, die mit Wohlwollen einhergehen, dass nicht als selbstverständlich unterstellt werden kann. Schließlich fehlt die erforderliche Objektivität bereits, wenn das Arbeitsverhältnis aus einem Anlass beendet worden ist, der dem Unternehmen missfällt. Somit ist das Arbeitszeugnis Anfällig für Einflüsse, die seine Aussagekraft relativieren und seine Zuverlässigkeit hinsichtlich der Bewertung von Leistung, Verhalten und Führung massiv in Frage stellen. Im Zweifel sind nur die Informationen über Zeitraum, Ort und Art der Tätigkeiten als zuverlässig anzusehen.

3. Lichtbildanalyse

In formeller Hinsicht ist das Lichtbild des Bewerbers unverzichtbarer Bestandteil seiner Bewerbung. Je nach praktizierter Bewerbungstechnik, wird das Lichtbild auf einem gesonderten Deckblatt, auf dem Bewerbungsanschreiben oder dem Lebenslauf angebracht. Letztere Variante entspricht eher der klassischen Bewerbungstechnik. Der zufolge sollte das Lichtbild auf dem Lebenslauf rechts oben, parallel zum Textfeld mit den persönlichen Angaben, angeheftet werden.

Aber ungeachtet der Frage, wo das Lichtbild sinnvollerweise angebracht werden sollte, ist eignungsdiagnostisch entscheidend, dass es einen visuellen Eindruck vom Bewerber ermöglicht (vgl. *Manke,* Personalauswahlverfahren 2008, S. 37).

Hinsichtlich der Positionierung innerhalb einer Bewerbung sind mithin folgende Anforderungen zu stellen:
- Die Bildqualität sollte nicht beeinträchtigt sein.
- Das Gesicht oder Teile des Lichtbildes sollten nicht abgedeckt sein.
- Eine spontane Ablösung des Lichtbildes sollte ausgeschlossen sein.
- Eine Beschädigung durch Ablösung des Lichtbildes sollte vermeidbar sein.

Denn erst ein qualitativ anspruchsvolles Lichtbild ist geeignet, ein zutreffendes „Bild" vom Bewerber vermitteln zu können (vgl. *Manke,* Personalauswahlverfahren 2008, S. 37). Für eine Eignungsdiagnostik des Lichtbildes sollte es nicht älter als ein Jahr sein.

a) Physiognomische Analyse

In materieller Hinsicht können dem Bewerberfoto zunächst auf Grundlage folgender Kriterien erste Eindrücke hinsichtlich:
- Ort der Positionierung innerhalb der Bewerbung
- Farb- oder Schwarzweißfoto
- Bildgröße und –Qualität

entnommen werden. Aus diesen Informationen kann zunächst geschlossen werden, wie der Bewerber gesehen werden will (vgl. *Manke,* Personalauswahlverfahren 2008, S. 37). Allerdings sind diese Informationen noch viel zu vage, um auf die Eignung eines Bewerbers schließen zu können.

Insoweit ist fraglich, ob eine physiognomische Analyse eines Bewerberfotos geeignet ist, Rückschlüsse auf die Eignung eins Bewerbers zu ermöglichen.

Die Physiognomik ist eine Technik zur Analyse insbesondere des Kopf- und Gesichtsfeldes, die Rückschlüsse auf:
- Begabungen und Fähigkeiten
- Individuelle Charaktereigenschaften
- Bereitschaft und Leistungspotential
- Gesundheitliche Konstitution

erlauben soll.

Die grundlegenden Erkenntnisse hierzu basieren auf der Annahme, dass die Formelemente des Körpers, insbesondere des Gesichts, also Stirn, Augen, Ohren, Nase, Mund, Kiefer und Kinn, Projektionen der Psyche sind. Unter einer Einteilung insbesondere des Gesichtsfeldes in die drei vertikalen Zonen:
1. Stirn vom Haaransatz bis zum Beginn der Nasenwurzel
2. Augen bis zum Mund
3. Unterkiefer und Kinn

werden den gebildeten Formen jeweils Persönlichkeitsmerkmale zugeordnet.

Zu 1). So werden der ersten Zone die individuelle Einstellung im Umgang mit anderen Menschen (Haaransatz) sowie das geistige Potential (Stirn) zugeordnet. Entsprechend sollen für die geistigen Fähigkeiten, neben Höhe oder Breite der Stirn, auch die Falten ein wichtiges Indiz sein.

Die Art der Stirn, etwa: gewölbt, geradlinig, breit oder hoch, soll Rückschlüsse auf die Qualität der Denkfähigkeit erlauben. Das ist die Fähigkeit zu beobachten, zu referieren, zu vergleichen und zu unterscheiden. So sind vertikal verlaufende Stirnfalten ein Indiz für Konzentrationsvermögen. Die horizontalen Stirnfalten hingegen ein Anhaltspunkt für geordnetes Denken, auch in größeren Zusammenhängen.

Zu 2). Den in der zweiten Zone liegenden Abstand, Stellung und Farbe der Augen, werden geistige Toleranz und Beweglichkeit, Intelligenz und Aufmerksamkeit sowie Sorgfalt und Gewissenhaftigkeit, als Persönlichkeitsmerkmale zugewiesen. Auch sollen die Augen anhand der Unterscheidung in große oder kleine, klare oder trübe, Auskunft über Aufmerksamkeit oder Unaufmerksamkeit, Offenheit oder Verschlossenheit, geben. Insbesondere ein melancholischer Blick wird als Indiz für tiefgründige Gedanken gewertet, die darauf zurückgeführt werden, dass Sinn und Verständnis des eigenen Lebens nicht klar erfasst und verstanden werden können. Die Außenwahrnehmung könnte zu Lasten eines nach innen gerichteten Bewusstseins stark eingeschränkt sein. Dies wiederum kann zu einer Disharmonie und Dissonanzen mit der Umwelt, insbesondere der betrieblichen Umwelt führen. Einhergehend mit schwarzen Schatten der unteren Augenlider könnte auf ein geschwächtes Nervenkostüm geschlossen werden. Hierfür konnten wenig Schlaf, Stress und ungesunder Lebenswandel ursächlich sein. Soweit die unteren Augenlieder sogar Schwellungen aufweisen (Tränensäcke) könnte dies ein Hinweis auf eine Störung der Nierenfunktion sein. Demgegenüber kann die Form der Nase, lang oder kurz, breiter oder schmaler Rücken, ausgebuchtet oder eingebuchtet, geradlinig oder hakenförmig gebogen, auf:
- Gründlichkeit im Denken und Handeln
- Anpassungsfähigkeit und Diplomatie oder
- Organisationstalent und Gestaltungskraft

Auskunft geben. Der Mund hingegen, lässt auf die Psycho-Somatik schließen. Wulstige Lippen zeichnen sinnliche und gefühlsbetonte Menschen, schmale Lippen hingegen willensstarke Persönlichkeiten.

Nach oben gerichtete, aufsteigende Mundwinkel prägen den Optimisten mit überwiegend positiver Lebenserfahrung, umgekehrt, den Pessimisten mit eher negativen Lebenserfahrungen oder Grundeinstellungen.

Zu 3). Demgegenüber finden im Unterkiefer und Kinn die gesundheitliche Konstitution sowohl in physischer als auch in psychischer Hinsicht, Leistungspotential und Durchsetzungskraft, ihren Ausdruck. So weist ein breiter Unterkiefer oder ein breites Kinn auf einen festen, von der äußeren Umwelt kaum beeinflussbaren Charakter und entsprechende Konstitution hin.

Allerdings kann eine solche Analyse insbesondere durch Verwendung von Farbfotos einhergehend mit einer ungünstigen Profildarstellung eines Bewerbers negativ beeinflusst werden.

Insbesondere ein direkter Blick, ein geöffneter Mund etc. kann die natürliche Mimik entstellen. Zudem wächst das Risiko, durch eine farbliche Darstellung und emotional positive wirkende Mimik, die zutreffende Auswertung eines Bewerberfotos nahezu unmöglich zu machen (*Knebel,* Mensch und Arbeit 1970, 19). Folglich sollten Farbfotos grundsätzlich nur mit erheblichem Vorbehalt in Augenschein genommen werden. Grundsätzlich sind daher Schwarz-Weiß-Fotos mit:
- hellgrauer Hintergrund,
- ohne Rand,
- in Passbildformat,

eher für eine analytische Auswertung geeignet. Zudem sollte vom Profil die linke, also die Emotionen spiegelnde Gesichtshälfte abgebildet sein. Dies ist der Fall, wenn infolge des Blickwinkels nur das linke Ohr vollständig zu sehen ist. Der Mund sollte geschlossen sein. Der Blick sollte einen neutralen bzw. ernsten Eindruck vermitteln.

Jedoch entsprechen wohl nur wenige Bewerberfotos diesen Anforderungen. In der wohl überwiegenden Zahl werden Farbfotos verwendet, auf denen der Bewerber lächelnd mit direktem Blickkontakt abgebildet worden ist. Daher könnte eine zuverlässige Profilanalyse nach den Kriterien:
- Asymmetrie der beiden Gesichtshälften;
- Proportionen der oberen und unteren Gesichtshälfte;
- Spannkraft und Glanz der Haut
- Falten und Unebenheiten der Stirn
- Tränensäcke unter den Augen
- Schwarze Schatten unter den Augen

nur bedingt möglich sein. Deshalb müssen die Kriterien für eine Bildanalyse diesen Veränderungen angepasst werden. Insbesondere bei Farbfotos rücken daher auch die Farben der Kleidung, soweit auf dem Bild erkennbar ist, in das Blickfeld der Analyse. Denn auch die Farben besitzen nach psychologischen Erkenntnissen eine Aussagekraft, die auf Charaktermerkmale schließen lässt. Dabei können vom Grundsatz her, grelle bzw. helle Farben der Kleidung Indizien für eine geltungsbedürftige, oberflächliche, insoweit für eine wenig tiefgründige und beständige Persönlichkeit sein.

Ebenso sollte den Kleidungsfarben eines Bewerbers auf dem Foto:
- Grün
- Gelb
- Rot
- Braun
- Blau

mit Vorbehalt begegnet werden.

Denn die Kleidungsfarbe »Grün« oder »Gelb« könnten ein Hinweis auf eine Persönlichkeit sein, die selten feste Bindungen eingeht.

Dies könnte sich einerseits an die Gewöhnung an einen Arbeitsplatz, aber auch auf die soziale Eingliederung im Betrieb des Arbeitgebers negativ auswirken.

Demgegenüber wird die Farbe »Rot« von Persönlichkeiten bevorzugt, die nach Dominanz streben. Mit diesem Charakterzug geht nicht selten die Schwierigkeit einher, sich innerhalb einer sozialen Organisation einzufügen und in einer Hierarchie unterzuordnen (Autoritätsproblem). Daher sollte diese Kleidungsfarbe Führungspersönlichkeiten vorbehalten bleiben, die bereits in einer solchen Position sind bzw. eine solche anstreben. Allerdings sollte auch immer erwogen werden, dass diese Farbe auf eine politische Motivation oder Gewerkschaftstreue hinweisen könnte.

Die Kleiderfarbe »Braun« könnte ein Indiz für eine sehr bodenständige und zuverlässige Persönlichkeit sein, die nach festen Strukturen und Bindungen sucht. Damit geht die Eigenschaft einher, Änderungen, Modernisierungen und Anpassungen, etwa der betrieblichen Organisation, Personalwechsel oder Arbeitsplatzwechsel, entgegenzuwirken.

Die Kleiderfarbe »Blau« hingegen deutet auf eine harmoniebedürftige Persönlichkeit hin, die daher mit Konflikten, insbesondere sozialen Konflikten nicht oder nur schwer umzugehen vermag. Hingegen erweisen sich solche Persönlichkeiten in fachlicher Hinsicht als echte Problemlöser.

Zu den idealen Kleiderfarben zählen, unabhängig vom Geschlecht, neben »Schwarz-Weiß-Kombinationen«, insbesondere aber »Grautöne«. Da diese wiederum nur selten anzutreffen sein werden, sollte den jeweiligen vermuteten Persönlichkeitsmerkmalen nur ein vorläufiger Aussagewert beigemessen werden, der durch eine weitergehende Analyse der Bewerbungsunterlagen abgesichert werden sollte.

Im Zweifel müsste die Inaugenscheinnahme des Bewerberfotos darauf beschränk werden, bereits absolute Negativmerkmale auszuschließen. Zu prüfen sind daher:
- Farbgestaltung der soweit sichtbaren Kleidung
- Markante, verletzungsbedingte Veränderungen im Gesicht
- Schmuck, Schminke, Piercings oder Tätowierungen

die je nach Einzelfall bereits ohne nähere Analyse auf ungünstige Persönlichkeitsmerkmale schließen lassen.

Da sich aus einem Bewerberfoto somit insgesamt Hinweise und Indizien zu:
- Geschlecht
- Nationalität
- Alter
- Gesundheitszustand
- Charakteristische Persönlichkeitsmerkmale

ergeben (vgl. *Gourmelon,* DÖD, 2007, 241), wird mit Blick auf §§ 1, 7 AGG nunmehr teilweise die Auffassung vertreten, dass auf Seiten des Bewerbers auf die Verwendung eines Lichtbildes verzichtet werden sollte (vgl. *Ohlendorf/Schreier,* BB 2008, 2459).

Zumindest jedenfalls würde ein Arbeitgeber, der ausdrücklich vollständige Bewerbungsunterlagen -zu denen auch ein Lichtbild gehört- erbete, den Verdacht der Diskriminierung erregen (vgl. *Gourmelon,* DÖD 2007, 244; *Schrader,* DB 2006, 2571; *Ohlendorf/Schreier,* BB 2008, 2459). Einstweilen wird sogar die Empfehlung geäußert, der Arbeitgeber solle seinerseits auf die Erhebung solcher biographischer Daten verzichten, die nicht tätigkeitsrelevant seien (vgl. *Oechsler,* WiSt 2008, 4; *Seel,* MDR 2006, 1321).
Da sich bereits solche Daten naturgemäß bereits aus dem Bewerberfoto ableiten lassen, solle auch die Einforderung desselben unterbleiben.

Dem ist jedoch entgegenzuhalten, dass dem Arbeitgeber im Zuge der Bewerberauswahl zugestanden werden muss, sich ein »Persönlichkeitsbild« vom jeweiligen Bewerber machen zu können. Ohne entsprechende Informationen, zu denen auch biographische Daten gehören, kann die (objektive) Eignung eines Bewerbers nicht hinreichend beurteilt werden. Ohne Lichtbild ist eine Bewerbung nicht vollständig. Eine insoweit nicht vollständige Bewerbung wurde nach der bisherigen Rechtsprechung als Indiz dafür gewertet, dass die Bewerbung subjektiv nicht ernst gemeint sei.

b) Teilergebnis und kritische Würdigung

Die Aussagefähigkeit des Lichtbildes eines Bewerbers hinsichtlich seiner Eignung ist differenziert zu sehen. Denn ohne Zweifel lässt die Größe, Beschaffenheit und Qualität des Lichtbildes auf die Motivation und das Niveau eines Bewerbers schließen. Hier können erste Hinweise auf eine selbstbewusste oder eher bescheidene Persönlichkeit mit gepflegtem oder ungepflegtem Äußeren gewonnen werden. Auch sind einem Lichtbild zwingend biographische Daten immanent. Hingegen wird mit der Lichtbildanalyse gerade wenn es um Bewerberauswahl geht, die Physiognomik ins Spiel gebracht. Ihr muss zunächst zugestanden werden, dass sie eine sehr differenzierte Betrachtung des Gesichtsfeldes verspricht. Zudem wird durch sie ein unmittelbarer Bezug zu gerade den Kriterien hergestellt, die die Eignung eines Bewerbers definieren.

Allerdings ist der anbehauptete Zusammenhang zwischen bestimmten Eignungsmerkmalen und deren Zuordnung zu bestimmten Teilen und Regionen des Kopf- und Gesichtsfeldes nicht zwingend nachvollziehbar. Denn die Ausprägung etwa der Kopfform, des Gesichtsfeldes, der Gesichtszüge etc. sind einerseits durch Erbanlagen und Lebensbedingungen sowie Gesundheitszustand bedingt. Zudem sind die Unterschiede von weiblichen und männlichen Gesichtern einerseits sowie der unterschiedlichen Kulturen zu vielfältig, als dass durch eine physiognomische Betrachtung einheitlich auf individuelle Merkmale geschlossen werden könnte. Deshalb handelt es sich wohl letztlich um Vermutungen, auf die eine Bewerberauswahl kaum zu stützen ist. Mithin ist ein Lichtbild kaum geeignet, mehr als nur einen ersten persönlichen Eindruck vom Bewerber zu vermitteln, der allerdings aus Sicht der Psychologie bereits über Sympathie oder Antipathie entscheidend sein kann.

So werden attraktiven Bewerbern gerne bessere Eigenschaften zugewiesen, als unattraktiv wirkenden Bewerbern (vgl. *Manke,* Personalauswahlverfahren 2008, S. 38). Auf diese Art und Weise beeinflusste Bewerberauswahlentscheidungen sind daher in der Regel zum Scheitern verurteilt. Das Unternehmen kommt also nicht umhin, seine Auswahl auf weitere Kriterien zu stützen.

4. Prüfung der Namensunterschrift

Der Lebenslauf sollte, das Bewerbungsanschreiben hingegen muss durch seine Funktion als Urkunde, mit der eigenhändigen Namensunterschrift abschließen. Um die Beweistauglichkeit im Rechtsverkehr zu gewährleisten, muss eine Urkunde, ihren Urheber hinreichend konkret erkennen lassen. Dazu ist neben der eigenhändigen Unterschrift mit Nachnahmen, eine Urkunde auch mit vollständig ausgeschriebenem Vornamen zu unterzeichnen. Dies gilt somit auch für den Lebenslauf. Aus formalen Gründen sollte die Unterschrift rechts unten, gegenüber der Datum- und Ortsangabe, möglichst bündig mit dem darüber befindlichen Textfeld platziert werden. Eine Unterzeichnung mit radierfähigem Schreibmaterial ist unzulässig. Ebenso unzulässig sind die Verwendung eines Faximilienstempel oder ähnliche Zeichnungen.

Soweit dies der Fall ist, kann die Namensunterschrift auf Basis graphologischer Erkenntnisse einer Analyse zugeführt werden, deren Aussagewert und Zuverlässigkeit hier jedoch kritisch zu würdigen ist. Zunächst bildet die Annahme, dass die individuellen Gefühls- und Verhaltensmuster durch die persönlichen Schriftzüge vermittelt, zum Ausdruck gelangen (vgl. *Müller,* WiSt 1987, 638; *Thiele,* Personalwirtschaft 1980, 102), den Ausgangspunkt.

a) Graphologische Aspekte

So soll die Schrift in ihrer Bewegung, dem Zug, der Form, des Schreib- und Schriftbildes, die Charakterzüge und die Persönlichkeit abbilden (vgl. *Schmid,* NJW 1969, 1655; *Schanz,* Personalwirtschaftslehre 2000, S. 373; *Bailer,* Personalauswahl 1990, S. 79). Daher sei die handschriftlich geführte Namensunterschrift in Bezug auf persönlichkeitsprägende Wesensmerkmale eine zuverlässige Erkenntnisquelle. So könne durch eine umfassende graphologische Untersuchung anhand der graphologischen Analyse hinsichtlich:

- Aufbau der individuellen Wesensart
- Form und Intensität des Willenseinsatzes
- Geisteshaltung
- Gefühlsansprechbarkeit
- Seelen- und Trieblebens

ein nahezu vollständiges Persönlichkeitsprofil erstellt werden (vgl. *Schmid,* NJW 1969, 1655). Allerdings wird bei einer Bewerbung eine so umfassend angelegte Untersuchung kaum notwendig werden. Vielmehr dürfte eine Beschränkung auf, für das Beschäftigungsverhältnis wesentlichen Merkmale des Arbeits-, Sozial- und Kommunikationsverhalten ausreichen.

Diese Merkmale wiederum seien anhand der den individuellen Schriftzug dominierenden:
- Oberlängen
- Unterlängen
- Mittellängen

und
- horizontalen Linienführung

einer indiziellen Beurteilung zugänglich. Darüber hinaus seien daran auch Negativmerkmale identifizierbar (vgl. *Manke*, Personalauswahlverfahren 2008, S. 34).

Bei der Ausprägung des individuellen Schriftbildes wird die Oberlänge der Buchstaben der Schicht des Geistigen und dem intellektuellen Streben nach Friedlichkeit zugewiesen (vgl. *Lindemann*, Personal 1984, 265).

Im Gegensatz hierzu, wird den Unterlängen die Schicht der Triebhaftigkeit und Feindseligkeit zugeordnet (vgl. *Lindemann*, Personal 1984, 265).

Den Mittellängen sollen hingegen Einsichten über die emotional motivierte oder frustrierte Kontaktfreudigkeit ermöglichen. Dadurch seien zuverlässige Diagnosen und Prognosen hinsichtlich eines situationsgebundenen Verhaltens in der Außenwelt möglich (vgl. *Lindemann*, Personal 1984, 265).

Diesbezüglich bilden die vier Grundpositionen:
- oben/unten
- rechts/links

den Kontext für die Beurteilung. So weise der nach oben geführte Schriftzug indiziell auf positive Merkmale und ein nach unten gezogener Schriftzug, entsprechend umgekehrt, auf negative Merkmale hin.

So sollen insbesondere:
- ausgeprägte Unterlängen
- dolchartige Spitzen

auf eine mögliche Veranlagung zur Brutalität zu offenbaren (vgl. *Schanz*, Personalwirtschaftslehre 2000, S. 373).

Sicherlich können solche Anlagen auf ein soziales Konfliktpotential schließen lassen, dass wiederum dem Betriebsklima abträglich werden könnte. Andererseits können solche Eigenschaften, soweit sie im gesellschaftlichen und rechtlichen Toleranzbereich liegen, zum Anforderungsprofil gehören.

Umgekehrt weisen
- ausgeprägte Oberlängen
- schwach ausgeprägte Kleinbuchstaben

auf Sensibilität und Mitteilungsbedürftigkeit hin. Allerdings wird in stark ausgeprägten Oberlängen, insbesondere bei Anfangsbuchstaben, auch ein Mangel an Anpassungsfähigkeit sowie der Neigung zum Überschreiten von Grenzen gesehen (vgl. *Lindemann*, Personal 1984, 265). Möglicherweise könnte aus einer entsprechenden Veranlagung einerseits eine unzureichende Teamfähigkeit, andererseits hingegen eine ausgeprägte Kommunikationsfähigkeit hervorgehen.

Demgegenüber sollen sowohl links- als auch rechtsläufige Einrollungen, dann wenn sie das Gesamtbild des Schriftzuges prägen, auf Egoismus und Geiz, oder im letzteren Fall, auf Eitelkeit oder Überheblichkeit schließen lassen (vgl. *Manke,* Personalauswahlverfahren 2008, S. 35). Auch hier wird jedoch nur mit Bezug auf die jeweiligen Stellenanforderungen beurteilt werden können, ob diese Eignungsmerkmale dem erwünschten Profil entsprechen.

Hingegen können gestützte Arkaden auf Unsicherheit oder Unaufrichtigkeit hindeuten. Unsicherheit wäre bei Positionen mit Kundenkontakt oder Umgang mit Dritten, eine eher ungünstige Eigenschaft. Ein solcher Wesenszug könnte auch ein Risikofaktor für das Vertrauensverhältnis zwischen Arbeitgeber und Arbeitnehmer darstellen.

Im Verhältnis zum Nachnamen, kann der Schriftzug des Vornamens auf Motive und Bedürfnisse hinweisen, die für die Begründung und Entwicklung persönlicher Näheverhältnisse wesentlich sein können.

Dabei sind vor allem Streben nach Bindungstiefe, Treueverhalten, Gewissenhaftigkeit und Sorgfalt oder Bindungslosigkeit, Vertrauensbruch und Sorgfaltsmangel herausragende Eignungskriterien.

Derartiges kann wohl aus einem Größenvergleich der Anfangsbuchstaben des Vornamens mit dem des Nachnamens erkannt werden. So kann ein größerer Anfangsbuchstabe des Vornamens darauf hindeuten, dass persönlichen Belangen eine übermäßige Bedeutung beigemessen wird.

Neben dem jeweiligen Vergleich der Ober-, Unter- und Mittellängen in den Vor- und Nachnahme, kann auch die Ausprägung der Buchstaben miteinander verglichen werden. Grundsätzlich sollten beide Namensteile ein harmonisches Schriftbild ergeben.

Dies ergibt sich, wenn die kleinen Buchstaben in den Namenszügen eine vergleichbare Größe aufweisen. Eine im Vergleich zum ausgeschriebenen Vornamen wesentlich schwächere Ausprägung der Buchstaben kann auf Oberflächlichkeit hindeuten, die als Indiz für Unzuverlässigkeit und mangelnde Arbeitssorgfalt gewertet werden können (vgl. *Schanz,* Personalwirtschaftslehre 2000, S. 373).

Insoweit gilt die eigenhändige Schriftführung (Handschrift) als nicht manipulierbare und aussagefähige Erkenntnisquelle (vgl. *Thiele,* Personalwirtschaft 1980, 102). Daher darf aus rechtlicher Sicht, ein umfassendes graphologisches Gutachten über einen Bewerber nur mit dessen, zumindest konkludenten **Einverständnis,** eingeholt werden (vgl. *Frey,* Personalwirtschaft 1980, 53; *Thiele,* Personalwirtschaft 1980, 102; *Schmid,* NJW 1969, 1657).

Ein konkludentes, also stillschweigendes Einverständnis wird allerdings bereits in der Überlassung handschriftlich verfasster Unterlagen, insbesondere eines handschriftlichen Lebenslauf gesehen (vgl. *Frey,* Personalwirtschaft 1980, 53; *Lindemann,* Personal 1984, 266; *Ehrich,* DB 2000, 421). Sofern allerdings ein anderer als der Bewerber den handschriftlichen Lebenslauf für den eigentlichen Bewerber gefertigt hat, berechtigt dies den Arbeitgeber zur Anfechtung des Arbeitsvertrages (vgl. *Ehrich,* DB 2000, 421).

b) Teilergebnis und kritische Würdigung

Graphologische Gutachten spielen, wie die zitierten Entscheidungen aus der Rechtsprechung zeigen, bei der Bewerberauswahl eine herausragende Rolle. Gleichwohl stehen graphologische Erkenntnisse unter gewissen Vorbehalten. Denn der individuelle Schriftzug wird ganz wesentlich von der situationsabhängigen Gefühlslage beeinflusst (vgl. *Manke,* Personalauswahlverfahren 2008, S. 34). Nicht selten dürften die mit einer Bewerbung innerlich verbundenen Gefühlsregungen den situativen Schriftzug prägen. Dadurch können negative Merkmale eine vergleichsweise stärkere Ausprägung erfahren, als dies im Falle einer inneren Ausgeglichenheit der Fall wäre. Und schließlich sind individuelle Fehldeutungen nicht unwahrscheinlich. Daher sollten graphologisch laienhafte Einschätzungen nur als Indizien gewichtet werden. Ihnen sollte daher nicht mehr Erkenntnisgehalt beigemessen werden, als den Indizien, die aus der der vorausgegangenen Analyse der Belege erlangt wurden. In der Regel dürfte die Zusammenstellung aller, während der Auswahlstufen erlangten Indizien über das Bewerberprofil, ein homogenes Bild ergeben.

Lediglich in den wohl seltenen Fällen, in denen die Erkenntnisse aus der graphologischen Grobanalyse nicht bzw. nur gering mit dem bisher erlangten Bewerberprofil entsprechen, könnte ein professionelles graphologisches Gutachten erwogen werden.

Ein solches Gutachten kann relativ zuverlässige Aussagen über:
- Einstellung zur Arbeit
- Psychische Leistungsvoraussetzungen
- Belastbarkeit
- Durchsetzungsvermögen
- Teambereitschaft
- Kontaktfähigkeit
- Soziale Einordnung
- Arbeitsintelligenz
- Verhaltenssteuerung

liefern (vgl. *Thiele,* Personalwirtschaft 1980, 102; *Schmid,* NJW 1969, 1655).

IV. Vorauswahlentscheidung

Nachdem die Bewerbungen einer eignungsdiagnostischen Untersuchung zugeführt wurden, steht nunmehr die Bewerbervorauswahlentscheidung an (vgl. Goth, Bewerberauswahl 2009, S. 45). Sie kann sinngemäß als »Trennung der Spreu vom Weizen« bezeichnet werden. Denn nur diejenigen Bewerbungen, deren behaupteten und belegten Qualifikationen den Erwartungen entsprechen, werden einem weitergehenden Auswahlverfahren zugeführt (vgl. Goth, Bewerberauswahl 2009, S. 46).

Zu diesem Zweck sind die erlangten Erkenntnisse über die:
1. Befähigung
2. Eignung

derjenigen Bewerber, die der nächsten Auswahlstufe zugeführt werden sollen, miteinander zu vergleichen, um bereits eine Rangfolge zu erstellen (vgl. *Goth*, Bewerberauswahl 2009, S. 46). Ausschlaggebend hierfür dürfte insbesondere der Übereinstimmungsgrad zwischen Anforderungs- und Eignungsprofil sein. Insoweit liefern die festgestellten Übereinstimmungen die ersten zuverlässigen Erkenntnisse über die Persönlichkeitsmerkmale eines Bewerbers. Demgegenüber definieren die festgestellten Abweichungen den Teil des Persönlichkeitsprofils eines Bewerbers, der in nachfolgenden Auswahlstufen zu untersuchen ist, um eine differenzierte Auswahlentscheidung vorzubereiten.

1. Anfertigung eines Bewerbungsauszuges

Für dieses Vorgehen sollte ein Auszug vom Bewerberprofil gefertigt (**Bewerbungsauszug**) werden, für den sich folgende Kriterien maßgeblich sein können.

a) Entscheidung

Einladung zum:
- Vorstellungsgespräch
- Einstellungsgespräch
- Bewerbung in Reservepool aufnehmen.

b) Bemerkungen zu:
- Bewerbungsunterlagen
- Vermutungen
- Zweifel
- Testergebnissen
- Vorstellung
- Einstellungsgespräch
- Probearbeitszeit
- Sonstige.

Danach empfiehlt es sich, ein Matching vorzunehmen. Mit dem Ziel eines solchen Soll/Ist-Vergleiches können die Anforderungen die erwünscht sind (Soll-Anforderungen) mit denjenigen Anforderungen, soweit sie vom Bewerber an behauptet wurden, in übersichtlicher Art und Weise zusammengestellt werden. Denn der Bewerber ist in Bezug auf die Anforderungen, die ihn für die Position qualifizieren könnten, darlegungspflichtig. Mithin ist es nicht Aufgabe des Arbeitgebers, die entsprechende Qualifikation zu hinterfragen. Deshalb müssen bereits Lücken der Darlegung oder Unklarheiten zu Lasten des Bewerbers gehen.

Eine sorgfältige und gewissenhafte Vorauswahl erfordert allerdings, dass alle aus den Bewerbungsunterlagen und den Belegen erkennbaren Qualifikationsmerkmale zusammengetragen werden. Ein flüchtiger Blick in das Bewerbungsanschreiben und in den Lebenslauf ist also nicht ausreichend. Vielmehr sollte auch in allen weiteren beigefügten Belegen, also Zeugnissen und sonstigen Dokumenten nach Qualifikationsmerkmalen gesucht und diese in den Auszug entsprechend übernommen werden. Andererseits geht es hierbei noch nicht primär darum, zu prüfen und zu bewerten ob die Belege vollständig und aussagekräftig sind; dies ist dem weiteren Schritt vorbehalten. Hier geht es erst noch darum, die Vollständigkeit der Darlegungslast des Bewerbers hinsichtlich seiner Qualifikation zu prüfen. Zu diesem Zweck sollten Lücken oder Unklarheiten hinsichtlich einzelner Qualifikationsmerkmale beim betreffenden Kriterium vermerkt werden. Diese Vermerke bilden später die Grundlage für die Begründung der später zu treffenden Vorauswahlentscheidung.

Sodann sollte geprüft werden, ob jede einzelne anbehauptete oder der Bewerbung insgesamt entnommene Qualifikation durch eine Urkunde belegt worden ist. Denn der Bewerber ist hinsichtlich jeder von ihm direkt oder indirekt anbehaupteten Qualifikation belegpflichtig. Aus dieser Belegpflicht resultiert die sogenannte Beibringungspflicht.

Dies ist die Pflicht -des Bewerbers- geeignet Urkunden –in Kopie- bereits mit der Bewerbung vorzulegen. Mithin braucht sich der Arbeitgeber vom Bewerber nicht darauf verweisen zu lassen, die erforderlichen Belege –notfalls im Original- auf Wunsch oder erst für den Fall der persönlichen Vorstellung vorzulegen. Den Arbeitgeber trifft erst Recht auch nicht die Obliegenheit, die Belege ausdrücklich anzufordern. Deshalb rechtfertigt die Verletzung der Beleg- und Beibringungspflicht eine Ablehnung des Bewerbers. Deshalb sollte bei jeder Verletzung der Belegpflicht in dem Auszug jeweils unter möglichst genauer Bezeichnung der nicht oder unzureichend belegten Qualifikation ausdrücklich vermerkt werden. Ebenso sollte verfahren werden, wenn aufgrund des Zustandes, der Qualität oder des Urhebers eines Beleges, Zweifel an der Authentizität (Echtheit) oder Aussagekraft begründet sein könnten. Auch diese Bemerkungen sollten in die Vorauswahlentscheidung mit einfließen und diese tragen. Soweit die Angaben, etwa zum Sozialverhalten noch nicht abschließend beurteilt werden können, ist dies ebenfalls zu vermerken. Hier kann dann zu einem späteren Zeitpunkt, etwa nach einem Auswahltest oder persönlichen Gespräch, die jeweilige Erkenntnis nachgetragen werden.

Schließlich sollte der vorläufige Befund in seiner Gesamtschau zum Zeitpunkt der Vorlage der Bewerbung einer Bewertung zugeführt werden. Dazu ist sicherlich denkbar, bereits an dieser Stelle der Vorauswahl auf ein Punktesystem zurückzugreifen. Dies ist allerdings mit dem Zweck, eine schnelle und sachlich fundierte Vorauswahlentscheidung zu ermöglichen, kaum zu vereinbaren. Es sollte daher auf die bisherigen Befunde abgestellt werden.

Dabei sollten Lücken oder Unklarheiten in den Angaben oder Belegen stets zu Lasten des Bewerbers gewertet werden. Auf diese Weise dürfte ein Bewerber nur dann unbedingt geeignet erscheinen, wenn er die erwünschten Anforderungen in Umfang und Qualität an behauptet und in geeigneter Art und Weise vollumfänglich belegt hat. Hingegen erfüllt ein Bewerber die Erwartungen, wenn er die erwünschten Anforderungen nicht in hinreichendem Maße, aber doch vergleichsweise überdurchschnittlich erfüllt. Hinsichtlich des anzuberaumenden persönlichen Auswahlgespräches sollte eine Prognose positiv ausfallen. Dies ist etwa der Fall, wenn offene Auswahlkriterien oder solche, die einer näheren Betrachtung unterzogen werden sollen, voraussichtlich im Gespräch abgeklärt werden können und die sich bisher abzeichnende Qualifikation aller Voraussicht nach bestätigen werden. Dabei sollten die Anforderungen an die Prognose nicht überspannt werden.

Immerhin dient das persönliche Gespräch der weiteren Absicherung, so dass gerade während dieser Phase der Bewerberauswahl Umstände offenbar werden können, die zu einer Selektion des Bewerbers führen könnten. Bei solchem Verständnis wird ein Bewerber bedingt geeignet erscheinen, der die erwarteten Anforderungen gerade noch, also im Mindestmaß erfüllt und, etwa aufgrund spezifischer Testergebnisse, erwarten lässt, dass er mangelnde Qualifikationsmerkmale durch entsprechende Einarbeitung ausgleichen wird.

Liegt die Qualifikation hingegen unterhalb dessen, wurde im Übrigen aber die Beleg- und Beibringungspflicht erfüllt, könnte angedacht werden, den Bewerber als Reserve in Auge zu behalten, um gegebenenfalls zu einem späteren Zeitpunkt –sein Einverständnis und Interesse vorausgesetzt- auf seine Bewerbung zurückgreifen zu können.

Alle anderen Bewerber wären, sofern man dieser Einteilung und Vorgehensweise Folge leisten würde, abzulehnen.

2. Zusammenfassung der Auswahlschritte

Im Anschluss an die vorstehende Schilderung kann aufgezeigt werden, auf welchen Erwägungen die Vorauswahlentscheidung basiert. Allerdings sollte hier sehr knapp formuliert und lediglich ein oder zwei tragende Gründe angeführt werden.

Auch hier sollte eine Abschrift oder Kopie des jeweiligen Schreibens der Anlage zu diesem Bericht beigefügt sein. Dieser Bericht sollte zuständigkeitshalber eigenhändig unterzeichnet und datiert werden.

In auswahltechnischer Hinsicht könnte der Prozess der Personalauswahl wie folgt untergliedert und schriftlich fixiert werden:
A. Eignungsdiagnostische Nullhypothese
   I. Prüfung des Bewerbungsanschreibens
        1. Wurden die vorausgesetzten Qualifikationsmerkmale erkannt und widerspruchsfrei behauptet.
        2. Sind die Qualifikationsmerkmale mit den Anforderungen gleichwertig.
  II. Prüfung der Belege
        1. Wurde die Qualifikation lückenlos belegt.
        2. Sind Qualifikation und Voraussetzungen begrifflich und inhaltlich gleichwertig.
 III. Prüfung der Formalien
        1. Wurden die für den Schriftverkehr verbindlichen DIN vorschriften eingehalten.
        2. Stimmt die Belegreihenfolge mit der Darstellungsreihenfolge in Bewerbung und Lebenslauf überein.
        3. Konnten Strukturbrüche insbesondere durch Fehlplatzierung ausgeschlossen werden.
        4.
 IV. Prüfung der Befähigung
        1. Entspricht die schulische und berufliche Qualifikation den Erwartungen.
        2. Sind die Beurteilungen durch Arbeitszeugnis zufriedenstellend.
   V. Prüfung der Eignung
        1. Sind die Beurteilungen des Arbeits- und Sozialverhaltens durch Arbeitszeugnis einwandfrei.
        2. Entspricht das äußere Erscheinungsbild den Erwartungen.
        3. Konnten Negativmerkmale in der eigenhändigen Namensunterschrift ausgeschlossen werden.
 VI. Vorauswahlentscheidung
    1. Ist das Gesamtbild widerspruchsfrei.
    2. Welche Qualifikationsmerkmale außerhalb der Erwartungshaltung bedürfen einer kritischen Abwägung.
    3. Gegebenenfalls Eignungsdiagnostische Absicherung

Dieses Schema wird weiter unten, im Zusammenhang mit der Auswahl anhand des Vorstellungsgespräches und der Probezeit fortgeführt.

V. Auswahlverfahren

Das Auswahlverfahren stellt im Verfahren der Bewerberauswahl die zweite Auswahlstufe dar. Nachdem die Bewerbungsunterlagen eignungsdiagnostisch geprüft und ausgewertet wurden, ist das persönliche Verhaltensprofil des Bewerbers Gegenstand der zweiten Auswahlstufe. Dazu wird diese Auswahlstufe in zwei Verfahrensabschnitte, dem Vorstellungsgespräch bzw. Einstellungsgespräch und der Probearbeitszeit unterteilt.

1. Vorstellungsgespräch

Nachdem das Bewerbervorauswahlverfahren abgeschlossen wurde, kann das Auswahlschlussverfahren mit einem (persönlichen) Vorstellungsgespräch fortgeführt werden. Im völligen Gegensatz zur vorausgegangenen Vorauswahlstufe werden nicht die schriftlichen Bewerbungsunterlagen, sondern die jeweiligen Bewerber persönlich einer Eignungsbegutachtung durch Gespräch unterzogen.

Das Vorstellungsgespräch dient, nachdem die Befähigung bereits im Vorauswahlverfahren geprüft wurde, nunmehr dem vordringlichen Zweck, die Eignung des Bewerbers zu prüfen und subjektive Hinderungsgründe für eine Einstellung auszuschließen. Entsprechend ist ein zweistufiges Vorgehen, das Vorstellungs- und das Einstellungsgespräch, angedacht (vgl. *Manke,* Personalauswahlverfahren 2008, S. 56). Ob dabei beide Unterstufen in einem Termin zusammengefasst, oder an auseinander fallenden Terminen erfolgen sollten, wird eine Frage der Zweckmäßigkeit sein. So sollte das erste Gespräch in der Personalabteilung erfolgen und das zweite Gespräch mit der Fachabteilung stattfinden (vgl. *Knebel,* Mensch und Arbeit 1970, 21). Dabei sollte, wie eingangs bereits dargelegt wurde, nunmehr die Alternativhypothese, dass der Bewerber für die zu besetzende Stelle geeignet sein könnte, zur Grundlage des Auswahlgespräches gemacht werden.

Entsprechend sollte das Vorstellungsgespräch formal in die drei Abschnitte:
1. Präsentation
2. Konfrontation
3. Kommunikation

unterteilt werden. Während dieser jeweiligen Phasen sollten nur die noch unsicheren Anforderungen, unterteilt in:
1. Befähigung
2. Eignung

und
1. Ausschluss von Negativmerkmalen
2. Hinderungsgründe

überprüft werden. Allerdings existiert kein einheitliches Vorgehensschema, so dass Zweckmäßigkeitserwägungen im Vordergrund stehen dürften (vgl. *Manke,* Personalauswahlverfahren 2008, S. 58).

Während bislang die Bewerbung und die beigebrachten Belege als Erkenntnisquelle dienten, kann nunmehr der Bewerber persönlich in Augenschein genommen werden. Insoweit dürfte die Beobachtung des Verhaltens (Mimik und Gestik) als auch die Antworten im Focus der Eignungsdiagnostik stehen (vgl. *Manke,* Personalauswahlverfahren 2008, S. 71).

Dazu kann der persönliche und direkte oder indirekte Blickkontakt genutzt werden, um die situationsbedingte Mimik und Gestik zu beobachten. So kann etwa nur durch direkten Blickkontakt die Blickrichtung sowie die Bewegung der Pupillen des Bewerbers beobachtet werden. Ein idealer Bewerber wird bemüht sein, zu seinem jeweiligen Gesprächspartner direkten Blickkontakt zu wahren. Dabei sind stetig große Pupillen auch bei guten Lichtverhältnissen ein Indiz für Interesse und Neugier. Anders deuten stetig kleine, scharf wirkende Pupillen auf Mistrauen, Zurückhaltung oder Aggression hin. Die Bewegungen der Pupillen beruhen also, insbesondere bei unveränderten Lichtverhältnissen, auf innere seelische Vorgänge und sind Reaktionen auf ein situationsbedingtes Empfinden. Um daher anhand des Pupillenverhaltens auf diese inneren Vorgänge schließen zu können, müssen Beobachtung und Situation möglichst exakt protokolliert werden.

Aber auch eine Unterbrechung dieses Blickkontaktes, etwa durch vertikale oder horizontale Kopf- und Augenbewegungen, lässt Rückschlüsse auf innere gedankliche Vorgänge zu. Dabei kann in Anlehnung an die obigen Annahmen zur Graphologie die Hypothese abgeleitet werden, dass Blicke nach oben auf eine positive emotionale Empfindung, der Blick nach unten auf negative Empfindungen hinweisen.

Hingegen deuten Blicke in Herzrichtung auf ein Bemühen um Wahrheitsfindung und eine Anstrengung des Erinnerungsvermögens hin, während entgegen gerichtete Augenbewegungen auf situationsbedingte Denk- und Gestaltungsvorgänge hinweisen.

Hinsichtlich der Gestik sollte der ideale Bewerber infolge einer Anspannung, die sich im Falle einer ernsthaften Bewerbung naturgemäß einstellt, nach vorne geneigt sitzen und Mühe haben, während dem Sprechen seine Hände unter Kontrolle zu halten. Ein solches Bemühen könnte etwa unterstützt werden, indem die Hände übereinander auf den Tisch bzw. die Tischkante gestützt werden. Eine emotional überlagerte Persönlichkeit wird in der Regel die linke Hand oben auflegen. Allerdings dürfte dies auch für Linkshänder gelten.

Hingegen wird eine rational überlagerte Persönlichkeit daran zu erkennen sein, dass die rechte Hand die linke Hand kontrolliert. Soweit jedoch die Hände gegenüber dem jeweiligen Gesprächspartner verschränkt werden, könnte dies als innere Verschlossenheit, mithin einem Mangel an Offenheit, hinweisen. Sodann wird zu prüfen sein, ob sich diese Grundhaltung im Laufe des Gesprächs entsprechend ändert.

Um die Komplexität und Vielgestaltigkeit von Gestik und Mimik eines Bewerbers zu erfassen und den jeweiligen Situationen zuordnen sowie im Nachhinein auswerten zu können (vgl. *Schmid,* DB 1980, 2518), ist zu empfehlen, das Vorstellungsgespräch mit mehreren Repräsentanten des Arbeitgebers zu führen. Dabei sollte mindestens einer Person die möglichst sorgfältige Dokumentation übertragen werden.

Zur späteren Auswertung der Beobachtungen könnte ein Beurteilungsbogen, der bereits arbeitsplatzspezifischen Anforderungen und Kriterien zur Einschätzung der individuellen Eignungsvoraussetzungen enthält, hilfreich und empfehlenswert sein (vgl. *Schmid,* DB 1980, 2444). So kann durch einen solchen Bewertungsbogen
- Vergleich
- Analyse
- Dokumentation

der Einzelbeobachtungen vorbereitet und formalisiert werden (vgl. *Schmid,* BB 1982, 1251). Mithin ist auch hier wiederum kritisch zu Hinterfragen, ob Vorstellungsgespräche eignungsdiagnostische Erkenntnisse bringen und wie zuverlässig solche Erkenntnisse sind.

2. Phase der Präsentation

Die Präsentation ist in formeller Hinsicht der Kontaktaufnahme gewidmet. Aber auch in materieller Hinsicht werden hier erste entscheidende Eindrücke erlangt und bereits einer ersten emotionalen Bewertung zugeführt. Dieser **erste Eindruck** ist aus psychologischer Sicht für die Intensität und Ernsthaftigkeit der weiteren Absichten bereits maßgeblich. Dieser Eindruck entstehe bereits während der ersten 20 bis 40 Sekunden und werde neben dem äußeren Erscheinungsbild auch durch das kommunikative Verhalten mitbestimmt (vgl. *Berlin/Rischar,* Qualifikation 1990, S. 35).

Zum äußeren Erscheinungsbild gehören wiederum die persönlichen Merkmale (vgl. *Berlin/Rischar,* Qualifikation 1990, S. 36):
- Geschlecht
- Größe und Statur
- Körperhaltung und Bewegung
- Gesundheits- und Pflegemerkmale
- Niveau, Zusammenstellung der Kleidung.

Um daher aufmerksam die ersten Eindrücke sammeln zu können, sollte folgende Reihenfolge zur Kontaktherstellung eingehalten werden. Vorstellung von:
1. Unternehmen/Arbeitgeber
2. Name und Funktion der Repräsentanten in Rangfolge

sowie:
3. Gelegenheit zur Vorstellung für den Bewerber.

Dementsprechend dürfte der ranghöchste Repräsentant die Gesprächsführung übernehmen und dem Bewerber nach der Kontaktherstellung, durch eine gezielt offene Fragestellung, die Gelegenheit eröffnen, sich selbst zu präsentieren (vgl. *Knebel,* Mensch und Arbeit 1970, 20).

Dabei wird von einem verständigen Bewerber erwartet werden können, dass er erkennt, dass in diesem Gesprächsabschnitt noch keine Darstellung seines Werdeganges verlangt wird. Vielmehr sollte situationsgerecht mit einer Benennung des:
1. Vor- und Familiennamens

sowie:
2. der begrifflich zutreffenden Bezeichnung der angestrebten Position

reagiert werden können.

Andererseits könnte ein weniger verständiger Bewerber darüber hinaus, zu einem Bericht über seinen Werdegang, Beweggründe oder zu einer Selbstdarstellung tendieren. Dies sind stets Indizien für eine emotional überlagerte Persönlichkeit. Dabei kann diese emotionale Überlagerung grundsätzlicher oder situationsbedingter Natur sein. In beiden Fällen sollte der Bewerber in seinem Redefluss jedoch nicht unverzüglich unterbrochen werden. Sondern vielmehr erst dann, wenn hinreichend sicher erkannt werden konnte, dass die emotionale Reaktion weniger auf Nervosität zurückzuführen ist, als vielmehr auf eine impulsive, wenig einfühlsame Persönlichkeit.

Oftmals kann von einem Bewerber die situationsbedingte Nervosität und Unruhe erst durch anfänglichen Redefluss überwunden werden. Demgegenüber sollte ein sehr zurückhaltender Bewerber dazu motiviert werden, mit Hilfe einer kurzen Selbstdarstellung, Hemmungen und innere Blockaden abzubauen. Denn nur durch ein anfänglich geduldiges Zuhören kann die Grundlage für eine vertrauensvolle Gesprächsatmosphäre hergestellt werden (vgl. *Knebel,* Mensch und Arbeit 1970, 21). Ohne eine solche Grundlage könnte auch ein qualifizierter Bewerber etwaige innere Distanzierungen nicht überwinden. Die Chance auf eine Selbstoffenbarung wäre vertan.

Somit sollte erst, wenn sich diese Vertrauensbasis abzeichnet, zur nächsten Gesprächsphase übergegangen werden. Anderenfalls empfiehlt es sich das Vorstellungsgespräch bereits an dieser Stelle abzubrechen.

3. Phase der Konfrontation

Die Konfrontation ist in formeller Hinsicht die zweite Gesprächsphase, in der dem Bewerber die Anforderungen und Erwartungen hinsichtlich der zu besetzenden Position eröffnet werden sollten. Dazu können die Merkmale der Befähigung in begrifflicher Übereinstimmung mit der Stellenanzeige angeführt werden. Ergänzend hierzu könnte sogleich auf eine Schwerpunktsetzung hingedeutet werden. Während der Bewerber die Gelegenheit wahrnimmt auf die einzelnen Anforderungskriterien einzugehen, kann seine spontane Mimik und Gestik Indizien über innere Konflikte, etwa Unsicherheiten und individuelle Belastungstendenzen liefern (vgl. *Knebel,* Mensch und Arbeit 1970, 19).

Dadurch wird während der Konfrontation die Möglichkeit eröffnet, den Auswahlschwerpunkt nunmehr auf diejenigen Kriterien zu lenken, in deren Zusammenhang zuvor auffällige Verhaltensreaktionen bemerkt wurden. In der Regel können Indizien für neuronale oder psychische Auffälligkeiten vorab ausgeschlossen werden. Gleichwohl liegt die Sinnhaftigkeit einer solchen Vorgehensweise wohl auch darin, dem Bewerber die Ernsthaftigkeit und Gewissenhaftigkeit des Auswahlgespräches zu signalisieren. Daher dürfte sich an dieser Stelle bereits offenbaren, ob die jeweilige Bewerbung ernsthaft gewollt ist, oder ob das Interesse an der Position –aus welchen Gründen auch immer- vorgetäuscht wurde.

Oftmals bietet auch die Reaktion des Bewerbers Hinweise auf eine Unentschlossenheit hin oder motiviert ihn dazu, seine inneren Zweifel oder die Gründe für seine innere Distanzierung preiszugeben. Dann kann das Vorstellungsgespräch auf dieser Ebene abgebrochen werden.

Sofern sich allerdings keine Besonderheiten ergeben, sollte sich ein seriöser Bewerber zu einer umfassenden und wahrheitsgemäßen Selbstauskunft motiviert fühlen. Jedoch ist jedem Bewerber das natürliche Bestreben, für seinen Bewerbungserfolg abträgliche Tatsachen zu verschleiern, nachzusehen. Ein solches Bestreben kann durch unterschiedlichen, insgesamt typisierten Verhaltensweisen offenbar werden. Insbesondere kann ein Bewerber in solchen Fällen (vgl. *Knebel,* Mensch und Arbeit 1970, 19):

- ungünstige Tatsachen zwar eingestehen, aber zugleich plausible Erklärungen mitliefern wollen;
- versuchen einem Zugeständnis auszuweichen, indem vorgeschobene Tatsachen angeführt werden;
- die aus seiner Sicht für ihn ungünstige Tatsachen verschweigen;
- die aus seiner Sicht für ihn ungünstigen Tatsachen durch unwahre Behauptungen ersetzen oder schlichtweg ohne Tatsachenvortrag lediglich bestreiten.

Wenn derart auffällige Verhaltensweisen beobachtet werden, sollte das Gespräch zunächst ungestört fortgeführt werden. Sodann kann in einem erneuten Anlauf auf widersprüchliche Aussagen oder Tatsachen aufmerksam gemacht werden, um letztmalig die Gelegenheit für eine offene und wahrheitsgetreue Einlassung zu gewähren. Sofern die entsprechende Reaktion Anlass dazu bieten, kann diese Ebene des Vorstellungsgesprächs abgeschlossen und zur Prüfung der Eignungskriterien übergegangen werden.

Hierzu bietet sich an, den Übergang durch offen gehaltene Fragen über die Branche einzuleiten. Um während des Gesprächsverlaufes auf die wesentlichen Auswahlkriterien trichterförmig hinzusteuern (vgl. *Knebel,* Mensch und Arbeit 1970, 19), könnte an begriffliche Ausführungen des Bewerbers angeknüpft werden.

Dabei sollte ein verständiger Bewerber diese eingeräumten Möglichkeiten erkennen und ausnutzen können, um die erwarteten Anforderungen, etwa hinsichtlich:
- Brancheninterna
- Einsatz- und Leistungsbereitschaft
- Produkt- und Dienstleistungskenntnisse
- Betriebsorganisation und Teamverhalten

überzeugend darzulegen.

Schließlich können durch dieselbe Vorgehensweise und Fragetechnik auch die übrigen Eignungskriterien zum Arbeits- Sozial- und Kommunikationsverhalten getestet werden. Dabei ist jeweils darauf zu achten, dass diese Anforderungen vom Bewerber nicht einfach verbal oder unter ausdrücklicher Bezugnahme auf Teile der Bewerbungsunterlagen behauptet werden. Vielmehr sollten durch tätigkeitsbezogenen Bericht Tatsachen und Begleitumstände geschildert werden können, die mittelbar auf die Eignungskriterien schließen lassen. Anderenfalls sind Zweifel hinsichtlich des jeweils geprüften Eignungsmerkmals begründet.4. Phase der Kommunikation

Die Kommunikationsebene füllt nun die letzte Phase des persönlichen Vorstellungsgespräches aus. Im Unterschied zur Präsentation oder Konfrontation, dient dieser Abschnitt dazu, eventuelle in der Person des Bewerbers liegende absolute Ausschlusskriterien zu ermitteln, die weder aus der Bewerbung noch dem bisherigen Gesprächsabschnitten entnommen werden konnten.

Zu diesem Zweck könnte dieser Abschnitt über offen gehaltene Fragen über:
- Motivation zur Bewerbung
- Interesse am Unternehmen
- Vorstellungen über die berufliche Zukunft
- Hintergründe der vorausgegangenen Vertragsbeendigung

eingeleitet werden. Sodann kann auf die wesentlichen Fragen, etwa:
- Vorstrafen
- Behinderung
- Ansteckende Erkrankung
- Operative Eingriffe

übergeleitet werden. Auch hierbei sollte stets die Mimik und Gestik des Bewerbers beobachtet werden. Für den Fall spontaner Reaktionen sollte, in gleicher Manier wie oben dargestellt, zu einem späteren Zeitpunkt des Gespräches das jeweilige, die Reaktion auslösende Stichwort erneut aufgegriffen und hinterfragt werden. Allerdings sind einer solchen Hinterfragung die sich aus Gesetz und Rechtsprechung ergebenden Grenzen zu beachten.

Aus rechtlicher Sicht wird spätestens mit dem Vorstellungsgespräch, also noch vor der Eingehung einer tatsächlich arbeitsvertraglichen Beziehung, eine vorvertragliche Beziehung begründet (vgl. *Heckelmann/Langer,* WiSt 1976, 470). Diese vorvertragliche Beziehung verpflichtet beide Parteien dazu, auf die Belange der jeweils anderen Partei Rücksicht zu nehmen (vgl. *Frey,* Personalwirtschaft 1980, 53).

Zwar gehört die möglichst umfassende Eignungsprüfung des Bewerbers zu den Belangen des Arbeitgebers. Jedoch können die Interessen des Bewerbers, sich nur soweit selbst zu offenbaren, wie dies für eine zutreffende Beurteilung minimal erforderlich ist, nicht dahinter zurückstehen. Insoweit eröffnet die vorvertragliche Beziehung dem Unternehmen neben der Möglichkeit zur Eignungsbegutachtung zunächst ein weitreichendes Fragerecht (vgl. *Heckelmann/Langer*, WiSt 1976, 470; *Ehrich*, DB 2000, 421), dem jedoch gesetzgeberisch zunehmenden Grenzen gesetzt werden.

Die rechtlichen Grenzen werden dort zu ziehen sein, wo kein Bezug mehr zur Tätigkeit besteht (vgl. *Bohlen*, Personalwirtschaft 1981, 9) und dem Arbeitgeber mit Hinblick auf den zu besetzenden Arbeitsplatz mithin das berechtigte, billigenswerte und schutzwürdige Interesse fehlt (vgl. *Heckelmann/Langer*, WiSt 1976, 470; *Ehrich*, DB 2000, 421; *Boemke*, RdA 2008, 130). Andererseits ist der Bewerber nicht nur zur, nach den Grundsätzen von Treu und Glauben *(vgl. Frey,* Personalwirtschaft 1980, 54), wahrheitsgemäßen Beantwortung der Fragen (vgl. *Roemheld*, WiSt 1976, 87), sondern auch zur ungefragten Offenbarung seiner Tauglichkeit wesentlich einschränkenden Umstände, verpflichtet (vgl. *Frey,* Personalwirtschaft 1980, 54).

Daraus aber können dem Bewerber bei einer eindringlichen Eignungsprüfung und einer damit einhergehenden Ausschöpfung des Fragerechts unzumutbare Eingriffe in sein allgemeines Persönlichkeitsrecht erwachsen (vgl. *Frey,* Personalwirtschaft 1980, 54; *Braun*, Personalwirtschaft 1978, 152 ff.). So muss ein Bewerber grundsätzlich Eingriffe in sein Persönlichkeitsrecht hinnehmen, jedoch nicht über die Zumutbarkeitsgrenze hinaus. Daher wurden durch die Rechtsprechung typische Fragen ausdrücklich für zulässig, andere wiederum für unzulässig erachtet. Als Ausprägung seines Persönlichkeitsschutzes wird dem Bewerber zugestanden, bei unzulässigen Fragen die Antwort zu verweigern oder bewusst wahrheitswidrig zu antworten (vgl. *Ehrich*, DB 2000, 421; *Roemheld*, WiSt 1976, 87; *Frey,* Personalwirtschaft 1980, 58).

So dürfte die Frage nach einer Schwangerschaft insbesondere mit Blick auf die §§ 1, 3 I, 2 AGG generell unzulässig sein. Nach dieser gesetzlichen Regelung läge in einer solchen Frage wohl eine Benachteiligung wegen des Geschlechts (vgl. *Wisskirchen*, DB 2006, 1494). Dies gilt auch dann, wenn bei Einstellung einer werdenden Mutter Gefahren für sie und das Ungeborene begründet würden.

So wurden zunächst folgende Fragen für bedingt unzulässig erachtet (vgl. *Bohlen*, Personalwirtschaft 1981, 10 ff.; *Roemheld*, WiSt 1976, 87; *Frey*, Personalwirtschaft 1980, 55 ff.; *Zeitlmann*, Personal 1977, 246):
- Vorstrafen
- Schwerbehinderteneigenschaft
- Gesundheitszustand
- Gewerkschaftszugehörigkeit
- Parteizugehörigkeit
- Konfessionszugehörigkeit
- Vermögensverhältnisse/Pfändungen
- Früherem Gehalt

Bedingt unzulässig bedeutet, dass diese Fragen nur soweit zulässig sind, wenn ein unmittelbarer Bezug zum konkreten Arbeitsplatz, der besetzt werden soll, besteht (vgl. *Ehrich*, DB 2000, 422; *Frey*, Personalwirtschaft 1980, 56). Im Übrigen wären diese Fragen unzulässig.

Ein Zusammenhang zwischen Vorstrafen und konkreten Arbeitsplatz besteht etwa zwischen Vermögensdelikten (Betrug, Unterschlagung, Diebstahl, Urkundenfälschung) und einer Tätigkeit als Kassierer (vgl. *Frey*, Personalwirtschaft 1980, 56). Ebenso besteht ein solcher Zusammenhang bei Verkehrsdelikten und einer Tätigkeit als Kraft- oder Kurierfahrer (vgl. *Heckelmann/Langer*, WiSt 1976, 470; *Zeitlmann*, Personal 1977, 246).

In Verbindung mit der Frage nach Vorstrafen gewinnt die Frage nach laufenden Ermittlungsverfahren zunehmend an Bedeutung. Bisher wurden dahingehende Fragen, wegen der Unschuldsvermutung bis zur rechtskräftigen Verurteilung, für unzulässig gehalten (vgl. *Ehrich*, DB 2000, 422).

Allerdings könnte eine dahingehende Frage nunmehr zulässig sein, wenn länger andauernde Ermittlungen bereits Zweifel an der Eignung des Bewerbers hervorrufen können (vgl. *Ehrich*, DB 2000, 422). Jedenfalls könnte eine wahrheitswidrige Beantwortung oder die pflichtwidrige Unterlassung der nachträglichen Mitteilung an das Unternehmen, unter den Voraussetzungen der §§ 123, 124 BGB zur wirksamen Anfechtung eines Arbeitsvertrages führen (vgl. *Ehrich*, DB 2000, 423).

Auch die Frage nach Vorstrafen ist nur zulässig, wenn und soweit ein unmittelbarer Zusammenhang mit der Art des zu besetzenden Arbeitsplatzes und die einhergehende Stellung im Unternehmen besteht. Bei dieser Beurteilung sind objektive Maßstäbe anzulegen (vgl. *Ehrich*, DB 2000, 422). Dazu wurden die Straftaten in die Gruppen:
- Vermögens- und Eigentumsdelikte
- Verkehrsdelikte
- Körperverletzungsdelikte
- politisch motivierte Delikte

eingeteilt. So seien Fragen nach Vorstrafen wegen Vermögens- oder Eigentumsdelikten bei einem Buchhalter, Kassierer, Revisor, Wächter oder Lagerverwalter zulässig.

Bei Maschinenarbeitern oder Schreinern hingegen könnten diese Fragen unzulässig sein (vgl. *Ehrich,* DB 2000, 422). Unabhängig von einer etwaigen Vorstrafe kann sich ein Bewerber als nicht vorbestraft bezeichnen, wenn seine Verurteilung wegen der Geringfügigkeit des Deliktes nicht in das polizeiliche Führungszeugnis aufzunehmen ist oder aus diesem zu tilgen ist (§§ 51, 53 BZRG).

Bei der Beurteilung der Zulässigkeit der weiteren Fragen zum Gesundheitszustand oder über eine Schwerbehinderteneigenschaft, ist ebenfalls auf einen Zusammenhang mit der angestrebten Tätigkeit abzustellen. Dem steht allerdings das Arbeitgeberinteresse möglichst umfassende Erkenntnisse hinsichtlich einer bereits angelegten aber noch nicht erkennbaren Erkrankung oder Sensibilität gegenüber bestimmten Arbeitsbedingungen, entgegen.

Daher dürfte zunächst die Neigung begründet sein, derartige Krankheitsrisiken durch eine umfassende Fragestellung oder der Einforderung ärztlicher Untersuchungsergebnisse (vgl. *Kaehler,* DB 2006, 279), die allesamt nicht ausschließlich im Zusammenhang mit der Tätigkeit stehen, auszuschließen. Allerdings sind entsprechende Fragen nur zulässig und wahrheitsgemäß zu beantworten, wenn sie die gesundheitliche Eignung des Bewerbers betreffen. Dann jedenfalls wird das Fragerecht des Arbeitgebers um die Berechtigung entsprechende Nachweise, etwa durch Gesundheitszeugnis oder Einstellungsuntersuchung, einzufordern erweitert. Im Übrigen sind Fragen, etwa nach ansteckenden Krankheiten oder Skelettschäden, grundsätzlich zulässig und vom Bewerber wahrheitsgemäß zu beantworten. Dies gilt insbesondere auch für eine Erkrankung im Zeitpunkt der Bewerbung, sofern sie zur Arbeitsunfähigkeit geführt hat (vgl. *Ehrich,* DB 2000, 423). Andere Gebrechen sind ebenso wie eine Schwerbehinderung nur zu offenbaren, wenn für die vertraglich geschuldete Arbeitsleistung voraussichtlich nicht erbracht werden kann (vgl. *Ehrich,* DB 2000, 424; *Frey,* Personalwirtschaft 1980, 55). Dies ist insbesondere der Fall, wenn die Beschäftigung körperliche Anstrengungen bedingt, die aufgrund der Behinderung nicht ausgeübt werden können (vgl. *Wisskirchen,* DB 2006, 1494).

Allerdings wird die Schwerbehinderung begrifflich in Anlehnung an § 3 I, 1 SGB IX und § 3 BGG weit auszulegen sein. Dementsprechend wäre auch eine Behinderung im Sinne einer alterstypischen Abweichung der körperlichen oder geistigen Funktionen bzw. des seelischen Zustandes, der länger als sechs Monate andauert und die Teilhabe am gesellschaftlichen Leben beeinträchtigt, zu offenbaren (vgl. *Annuß,* BB 2006, 1631). So ist nach der bisherigen Rechtsprechung die Frage nach einer Schwerbehinderung grundsätzlich zulässig und folglich wahrheitsgemäß zu beantworten (vgl. *BAG,* BB 2001, 627). Im Falle des Verschweigens einer Behinderung oder einer vorsätzlichen Falschbeantwortung, konnte der Arbeitgeber das Beschäftigungsverhältnis wegen arglistiger Täuschung anfechten (§§ 119 ff., 142 BGB). Diese Rechtsprechung dürfte sich jedoch nach Einführung der Diskriminierungsverbote des § 81 II SGB IX und der §§ 1, 7 I AGG wohl in dieser Aussage kaum noch Aufrecht erhalten lassen (vgl. *Düwell,* BB 2006, 1742 f.).

Vielmehr wird die Frage nach einer Schwerbehinderung nur noch insoweit zulässig sein, als § 8 I AGG eine Benachteiligung Schwerbehinderter ausnahmsweise zulässt. Die Frage nach einer Schwerbehinderung wäre danach nur zulässig, wenn diese Auswirkungen auf die geschuldete Tätigkeit haben würde. Diesbezüglich wären somit nur Fragen in Bezug auf konkrete Formen einer Behinderung zulässig und wahrheitsgemäß zu beantworten. Wohingegen die undifferenzierte Frage über irgendeine Schwerbehinderung nunmehr unzulässig sein dürfte. Allerdings hat die Rechtsprechung ihre bisherige Position noch nicht aufgegeben (vgl. *BAG,* BB 2001, 627), so dass die Frage wegen Schwerbehinderung äußerst sensibel gehandhabt werden sollte.

Die Zugehörigkeit eines Bewerbers zu einer Arbeitnehmervereinigung (Gewerkschaft) ist für die Eignung grundsätzlich ohne Bedeutung. Mithin besteht für den Bewerber diesbezüglich weder eine Offenbarungspflicht, noch die Pflicht eine dahingehende Frage wahrheitsgemäß zu beantworten *(vgl. Ehrich,* DB 2000, 426). Hiervon wird nur dann eine Ausnahme zu machen sein, wenn eine leitende Position angestrebt wird, bei deren Besetzung ein besonderes persönliches Vertrauen vorausgesetzt wird.

Nach einer Religions- oder Parteizugehörigkeit darf der Arbeitgeber grundsätzlich nicht fragen. Hinsichtlich der Religionsfreiheit wird dies aus Art. 4, 140 GG i.V.m Art. 136 III, 1 WRV, hinsichtlich der Parteizugehörigkeit aus Art. 2 I, I, 5 I, 21 GG abgeleitet (vgl. *Ehrich*, DB 2000, 426). Ausnahmen hiervon sind nur bei konfessionellen oder parteipolitischen Institutionen zulässig (vgl. *Wisskirchen,* DB 2006, 1494).

Hingegen sind Fragen zum früheren Gehalt nur zulässig, sofern daraus Rückschlüsse über die Qualifikation des Bewerbers möglich sind (vgl. *Ehrich,* DB 2000, 421). Hingegen richtet sich die Zulässigkeit der Fragen über die Vermögensverhältnisse nach dem konkret zu besetzenden Arbeitsplatz. Soweit ungeordnete wirtschaftliche Verhältnisse des Bewerbers die potentielle Gefahr für die vermögensbezogenen Belange des Arbeitgebers darstellen, sind entsprechende Fragen zulässig (vgl. *Ehrich,* DB 2000, 422). Dies dürfte also beispielsweise bei den Positionen:
- Leiter der Finanzbuchhaltung
- Personalleiter
- Bankkassierer
- Innenrevisoren

der Fall sein (vgl. *Ehrich,* DB 2000, 422).

Entsprechend sind auch Fragen zu Pfändungen darüber hinaus bereits zulässig, sofern dem Arbeitgeber dadurch ein höherer Verwaltungsaufwand erwächst. Denn nach der Rechtsprechung des BAG (vgl. *BAG,* Az: 1 AZR 578/05) fallen die Kosten für die Verwaltung einer Lohnpfändung dem Arbeitgeber zur Last, ohne dass dieser gegen den Arbeitnehmer einen Erstattungsanspruch hat.

Wenn und soweit gestellte Fragen jedoch rechtlich unzulässig sind, wird dem Bewerber entgegen des Grundsatzes der Wahrheits- und Offenbarungspflicht zugestanden, bewusst wahrheitswidrig zu antworten.

Eine unwahre Antwort auf eine unzulässige Frage ist im Allgemeinen rechtlich unbeachtlich (vgl. *Frey,* Personalwirtschaft 1980, 58; *Ehrich,* DB 2000, 427) und gibt dem Arbeitgeber kein Recht zur Anfechtung des Beschäftigungsverhältnisses.
Demgegenüber sind insbesondere Fragen nach:
- Wehrdienstableistung
- Staatsangehörigkeit

wohl zulässig (Anderer Ansicht: vgl. *Boemke,* RdA 2008, 132). Die Frage der Staatsangehörigkeit ist auch nach dem seit 18.08.2006 in Kraft getretenen AGG zulässig (vgl. *Müller,* DÖD 2007, 75).

Bewusst unwahre Antworten auf rechtlich zulässige Fragen können im vorvertraglichen Bereich zu Schadenersatzansprüchen des Unternehmens gegen den Bewerber führen (vgl. *Roemheld,* WiSt 1976, 87). Im Falle eines bereits geschlossenen Arbeitsvertrages könnte das Unternehmen den Vertrag durch Anfechtung (§§ 142, 119 ff., 123 BGB) oder Kündigung beenden (vgl. *Ehrich,* DB 2000, 426; *Heckelmann/Langer,* WiSt 1976, 470; *Frey,* Personalwirtschaft 1980, 58).

Somit birgt die Konfrontationsebene für den Bewerber die Wahl zwischen einer Einwilligung in einen unter Umständen unzumutbaren Eingriff in sein allgemeines Persönlichkeitsrecht und den drohenden Rechtsfolgen im Falle unwahrer Antworten auf vielleicht nur vermeintlich unzulässige Fragen.

Darüber hinaus kann auch nicht ausgeschlossen werden, dass vom Arbeitgeber bewusst und gezielt unzulässige Fragen instrumental genutzt werden um die Reaktion des Bewerbers in die Eignungsprüfung mit einfließen zu lassen.

Insoweit könnte unter einer Risikoabwägung ein Kompromiss darin liegen, Zweifel an der vermeintlichen Zulässigkeit einer Frage offen zum Ausdruck zu bringen. Eine anschließende Verweigerung der Beantwortung wird man wohl eher tolerieren, können als eine offensichtlich oder zumindest für möglich gehaltene unwahre Antwort.

Schließlich wird auch dem Bewerber die Gelegenheit eröffnet, seinerseits Fragen über das Unternehmen oder über die von ihm angestrebte Tätigkeit zu stellen (vgl. *Frey,* Personalwirtschaft 1980, 55). Die vorvertragliche Verpflichtung zur Rücksichtnahme gilt auch für die Belange des Bewerbers. Allerdings werden seine Belange nicht so umfassend verstanden wie die des Arbeitgebers. So ist er dem Bewerber gegenüber nicht verpflichtet, Auskünfte über die wirtschaftliche Situation zu geben. Dies wäre wohl nur dann anders zu beurteilen, wenn bereits Pläne für eine eventuelle Schließung des Betriebes bestünden *(vgl. Roemheld,* WiSt 1976, 87).

Der Bewerber sollte sich daher auf Fragen, die einen erkennbaren und nachvollziehbaren Bezug zu angestrebten Tätigkeit aufweisen, beschränken.

Fragen deren Bezug zur angestrebten Tätigkeit für die Gesprächsbeteiligten nicht erkennbar ist, könnten zu Spekulationen Anlass geben, die wiederum den Eindruck über den Bewerber negativ beeinflussen könnten.

Des Weiteren sollte die konkrete Frage des Bewerbers auch in seiner Situation nachvollziehbar, d.h. sachlich begründet sein. Anderenfalls, etwa wenn die Antwort als bereits bekannt vorausgesetzt oder für verfrüht eingeschätzt würde, könnten ebenfalls negative Eindrücke hervorgerufen werden.

Interesse und Ernsthaftigkeit an der Stelle hat der Bewerber, der sich einer unangenehmen Fragestellung gestellt und durch sein Antwortverhalten als geeignet erwiesen hat, bereits unter Beweis gestellt. Unüberlegte Fragen könnten an dieser Stelle gefährden, was bereits erzielt wurde. Daher könnte ein »**beredtes Schweigen**« dem Bewerber unter Umständen eher zum Vorteil gereichen, als viele Fragen.

5. Teilergebnisse und kritische Würdigung

Das Vorstellungsgespräch ist nach dem hiesigen Befund bedingt geeignet, die Eignung der vorgeladenen Bewerber zu untersuchen. Hierzu bietet die Beobachtung von Mimik und Gestik unzählige Anhaltspunkte. Allerdings ist Voraussetzung, dass die in den einzelnen Phasen des Vorstellungsgesprächs eingestellte Mimik und Gestik des Bewerbers lückenlos beobachtet und folgerichtig ausgewertet werden kann. Und hier liegen die ersten Hürden. Denn auch einem aufmerksamen Beobachter kann es kaum gelingen, einen Bewerber möglichst unbemerkt über die gesamte Gesprächsdauer zu beobachten.

Des Weiteren ist die Mimik und Gestik einer Person sehr anfällig für fehlerhafte Interpretationen (vgl. *Manke,* Personalauswahlverfahren 2008, 72). Bereits aus diesem Grund kann die Verhaltensbeobachtung zwar Vermutungen hinsichtlich bestimmter Eigenschaften eines Bewerbers stützen, jedoch keinesfalls zu sicheren Erkenntnissen führen. Anders hingegen verhält es sich mit den Informationen, die während der Kommunikationsphase erlangt wurden. Denn diese Phase ist darauf angelegt, die Bewerber zur Selbstauskunft zu motivieren. So kann den Auskünften, die einem Bewerber entlockt werden, grundsätzlich ein hoher Wahrheitsgehalt beigemessen werden. Selbst wenn berücksichtigt wird, dass Bewerber sich in der befindlichen Situation im möglichst besten Licht darstellen, treten durch den Vergleich mit den Angaben in den schriftlichen Bewerbungsunterlagen, Widersprüche offen zu Tage. Auch die Konfrontationsphase dürfte sehr aufschlussreich sein. Denn die indirekte oder direkte Fragestellung sowohl von zulässigen als auch unzulässigen Fragen, lässt einen Vergleich der jeweiligen Verhaltensreaktionen eines Bewerbers zu, aus dem wiederum auf Bewerbereigenschaften geschlossen werden kann. Allerdings dürfte im Ergebnis die Sympathie oder Antipathie die einem Bewerber entgegengebracht wird, einen nicht gerade unerheblichen Einfluss auf das Auswahlergebnis der Bewerbung haben. Dies dürfte sich indirekt dahingehend auswirken, dass Schwächen oder Stärkten eines Bewerbers über- oder unterbewertet werden. Da dies jedoch für alle Bewerber gleichermaßen gilt, wird die Vergleichbarkeit der Verhaltensweisen zugleich zur Basis für die Auswahl. Auf diese Art und Weise kann ein Unternehmen diejenigen Bewerber filtern, die nach ihrem Verhaltensmuster am besten passen.

VI. Probearbeitszeit

Der vertraglichen Übernahme in ein ordentliches Beschäftigungsverhältnis wird, wohl nach ständiger Übung, eine Probezeit vorgeschaltet, die gesetzlich längstens sechs Monate betragen darf (§ 622 III BGB). Soweit keine Tarifbindung des Arbeitgebers besteht, die gegenüber einer einzelvertraglichen Probezeitvereinbarung vorrangig wäre (§ 622 IV BGB i.V.m. § 4 III TVG), kann sie frei zwischen einem Zeitraum von mindestens einem und höchstens sechs Monaten vereinbart werden (vgl. *BAG*, DB 2007, 1217). Während dieser Zeit kann das Arbeitsverhältnis von beiden Seiten unter erleichterten Bedingungen wieder beendet werden. Daraus resultiert für die Probearbeitnehmer ein enormer Druck, der sich sowohl auf die Leistung als auch das Verhalten auswirkt. Der Probearbeitnehmer wird daher ständig um überdurchschnittliche Leistungen bemüht sein und sein Verhalten den Umständen anpassen, um den probeweise erlangten Arbeitsplatz nicht zu verlieren. Deshalb ist fraglich, ob die Probearbeitszeit überhaupt objektive Erkenntnisse liefert.

1. Prüfkriterien während Probearbeitszeit

Die Probezeitvereinbarung soll dem Arbeitgeber die Möglichkeit eröffnen, den Bewerber innerhalb des vereinbarten Zeitraums hinsichtlich seiner Leistungsfähigkeit, insbesondere seiner Befähigung und Eignung, unter Arbeitsplatzbedingungen nachhaltig zu prüfen (vgl. *BAG* DB 2008, 1218). In dem Kontext der Bewerberauswahl stellt die Probezeit funktional, wie eingangs erläutert worden ist, die dritte Stufe dar. Im Focus dieser Auswahlstufe liegt die Beobachtung von Verhaltensreaktionen des und nunmehrigen Probearbeitnehmers, auf betriebstypische Belastungen (vgl. *Rosner*, DBw 1980, 26). Zu den Verhaltensauffälligkeiten gehören insbesondere (vgl. *Kühlmann*, WiSt 1983, 260):
- Aufmerksamkeits- und Konzentrationsstörungen
- Koordinationsstörungen
- Überempfindlichkeit und Nervosität.

Die typischen Belastungen in diesem Sinne können daher als:
- auf den menschlichen Organismus einwirkende Einflüsse aus dem betrieblichen Kontext

definiert werden. Hinsichtlich dieser Belastungen wird von der Annahme ausgegangen, dass Wirkungen auf das psychophysische Funktionssystem des menschlichen Organismus erzeugt und diese wiederum das Arbeits- und Sozialverhalten beeinträchtigen können. Von dieser objektiven Beeinträchtigung ausgehend, haben wohl Erfahrungen gezeigt, dass Art und Ausmaß der tatsächlichen Wirkungen auf den menschlichen Organismus subjektiv stark unterschiedlich sind (vgl. *Panse*, DBw 1974, 99; *Kühlmann*, WiSt 1983, 259).

Es ist daher im Rahmen der Probezeit fraglich, ob gerade der ausgewählte Bewerber unter den betrieblichen Belastungen willens und voraussichtlich in der Lage sein wird, die geschuldete Arbeitsleistung dauerhaft zu erbringen.

Zumindest wird nach den bisherigen Ergebnissen der Begutachtung von der Grundannahme ausgegangen werden können, dass der Probearbeitnehmer maximale Willensanstrengungen unternimmt, um nach einer gewissen Phase der Einarbeitung und Eingewöhnung, die erwartete Arbeitsleistung auch tatsächlich zu erreichen.

Somit liegt der Zweck der Begutachtung während des Probearbeitsverhältnisses darin, die subjektive Verhaltensreaktion infolge der betriebstypischen Belastungen frühzeitig zu erkennen und zu bewerten. Für eine solche Beobachtung ist eine Differenzierung des betrieblichen Kontext in die Bereiche:
- Arbeitsumgebung (betriebliches Umfeld)
- Arbeitsplatzgestaltung
- Arbeitsverrichtung (Tätigkeitsfeld und Aufgabengebiet)

erforderlich (vgl. *Kühlmann*, WiSt 1983, 258).

Aus diesen Teilbereichen des betrieblichen Kontext resultieren wiederum typische Einflussarten, die in folgende Kategorien eingeteilt wurden (vgl. *Kühlmann*, WiSt 1983, 258):

1. Einflüsse aus der Arbeitsumgebung (betriebliches. Umfeld)
- Undurchsichtige Firmenpolitik
- Fehlende Unterstützung in kritischen Situationen
- Konflikte mit Vorgesetzten und Mitarbeitern
- Konkurrenzverhalten der Mitarbeiter
- Soziale Isolation oder Dichte
- Häufiger Wechsel der Arbeitskollegen

2. Einflüsse aus der Arbeitsplatzgestaltung
- Beleuchtungsverhältnisse
- Witterungseinflüsse
- Gefahrenquellen
- Notsituationen
- Mechanische Kräfte
- Lärm, Staub, Schmutz, Temperaturextreme
- Bewegungs- und Körperhaltungszwänge

3. Einflüsse aus der Arbeitsverrichtung
- Unklare und widersprüchliche Arbeitsanweisungen
- Informationsdefizit oder Informationsüberschuss
- Verantwortungs- und Leistungsdruck
- Zeit- und Termindruck
- Störungen im Arbeitsfluss
- Mangelhafte Arbeitsmaterialien
- Wechselhafter Arbeitseinsatz

Anhand dieser Einteilung kann ein Profil von einem individuellen betrieblichen Umfeld erstellt und die daraus resultierenden Einflüsse zu einer Gesamtbelastung verbunden werden (vgl. *Rosner*, DBw 1980, 26).

Die individuellen Wirkungen auf den Arbeitnehmer können das Arbeits- und Sozialverhalten negativ beeinträchtigen. Symptomatisch sind im ungünstigen Fall etwa Antriebs- und Motivationsverluste mit nachfolgender Minderung der Arbeitsquantität und Arbeitsqualität sowie steigende Konfliktbereitschaft gegenüber Vorgesetzten und Mitarbeitern oder Dritten. Schließlich können derartige Intra-Rollen-Konflikte (vgl. *Panse*, DBw 1974, 100) auf Seiten der Belegschaft als Initialzünder für Mobbing und auf Seiten der Betroffenen zur inneren Kündigung führen.

Ob und wie künftig derartige Belastungen aus dem betrieblichen Umfeld tatbestandlich unter § 3 I, II AGG subsumiert werden könnten, ist derzeit wohl noch nicht absehbar. Nach dieser Norm kann durch:
- Einschüchterungen
- Erniedrigungen
- Entwürdigungen
- Beleidigungen

Ein »**feindliches**« betriebliches Umfeld entstehen (vgl. *Müller*, DÖD 2007, 79).

Dies wiederum könnte den Arbeitgeber zu organisatorischen Maßnahmen sowohl der Vorbeugung als auch der Abwehr verpflichten. Insgesamt könnte durch die neue Gesetzesmaterie die Grundlage zur Absenkung der Schwelle für zumutbare Belastungen geschaffen worden sein.

Im Ergebnis jedenfalls sollte bei der Bewertung der Beobachtungen des Arbeits- und Sozialverhaltens ein Kompromiss zwischen optimistischer und pessimistischer Prognose angestrebt werden. Daher dürften nur zweifelsfrei wahrgenommene Leistungsmängel die Beendigung des Arbeitsverhältnisses bereits während der Probezeit rechtfertigen.

2. Teilergebnisse und kritische Würdigung

Das Probearbeitsverhältnis gibt dem Unternehmen daher die Gelegenheit, den Probearbeitnehmer dem betrieblichen Umfeld einerseits und den arbeitsplatzspezifischen Bedingungen andererseits auszusetzen. Dies eröffnet die Gelegenheit, den Probearbeitnehmer und seine Interaktionen innerhalb dieses Umfeldes zu beobachten. Im konkreten kann das Verhalten gegenüber Vorgesetzten, Mitarbeitern und Dritten, sein Arbeitsverhalten, seine Arbeitsleistung und die Arbeitsqualität sowie das Eingliederungsverhalten in die betriebliche Organisation, sein Interesse an der Einarbeitung und sein Lernverhalten geprüft werden. Dabei sind die Einflüsse so vielschichtig, dass es auch bei größter Anstrengung kaum gelingen wird, in allen Bereichen ein Verhalten vorzutäuschen oder aufrechtzuerhalten, dass der tatsächlichen Eignung nicht entspricht. Insbesondere gesundheitliche Reaktionen auf betriebliche Einflüsse oder arbeitsplatzspezifische Besonderheiten sowie eine hohe bzw. überdurchschnittliche Arbeitsleistung und Arbeitsqualität können nicht vorgetäuscht werden. Dem geschulten Beobachter werden Schwächen, die sich erst in Verbindung mit dem Umfeld erweisen, nicht entgehen. Mithin gelangt das Unternehmen zu Arbeitsproben, die über die gesamte Dauer der Probearbeitszeit miteinander verglichen werden können.

Insoweit dürfte sich das Probearbeitsverhältnis als effektivstes und zuverlässigstes Verfahren erweisen, um geeignete Bewerber zu erkennen.

VII. Auswahlentscheidung

Die Auswahlentscheidung ist funktional betrachtet, das Ergebnis einer strukturierten, an feststehenden Kriterien orientierten Analyse der Qualifikation. Gleichwohl können über die diagnostisch erworbenen Erkenntnisse zur Qualifikation eines Bewerbers hinaus, weitere subjektive Wertungen die Auswahlentscheidung beeinflussen. Begrifflich könnte die Auswahlentscheidung folglich als:

Ergebnis der Bewerberauswahl auf Grundlage einer Auswahltechnik und subjektiven Wertungen,

definiert werden.

Um gleichwohl im Einzelfall dem Vorwurf einer ungerechtfertigten Benachteiligung begegnen und notfalls Gegenbeweis antreten zu können, sollte das Auswahlverfahren auch hinsichtlich des Vorstellungsgespräches und während der Probezeit schriftlich dokumentiert werden. Insoweit kann auf die eingangs skizzierte Problematik zur Dokumentation der Vorauswahl und Aufbewahrung der Bewerbungsunterlagen Bezug genommen werden.

Demgegenüber ist in auswahltechnischer Hinsicht das Schema zur Vorauswahl nunmehr wie folgt zu vervollständigen:

B. Prüfung der Alternativhypothese
  I. Prüfung des ersten Eindrucks
    1. Entspricht das äußere Erscheinungsbild den Erwartungen.
    2. Ist eine mögliche emotionale Überlagerung nur als situationsbedingt einzuschätzen.
    3. Konnte eine vertrauensvolle Gesprächsbasis erzielt werden.
  II. Prüfung der Qualifikation
    1. Ließ die spontane Mimik und Gestik indiziell auf innere Konflikte, neuronale oder psychische Auffälligkeiten schließen.
    2. Konnte zur Selbstauskunft motiviert werden.
  I. Prüfung der Eignung
    1. Ließ die spontane Mimik und Gestik indiziell auf innere Konflikte, neuronale oder psychische Auffälligkeiten schließen.
    2. Wurden tätigkeitsbezogene Tatsachen geschildert, die indizielle Schlüsse auf die Eignungsmerkmale zuließen.
    3. Konnten absolute Negative Kriterien in der Person des Bewerbers ausgeschlossen und anfängliche Zweifel aufgelöst werden.
    4. Konnten Indizien aufgrund der Mimik und Gestik Konflikte hinsichtlich der Vertragsinhalte ausgeschlossen werden.
    5. Ergaben sich während der Probezeit Bedenken

C. Auswahlentscheidung
I. Ist das Gesamtbild widerspruchsfrei.
II. Welche Qualifikationsmerkmale außerhalb der Erwartungshaltung bedürfen einer kritischen Abwägung.

Allerdings bedingt diese Komplexität der möglichen Auswahlkriterien nicht nur eine mehrstufige Auswahltechnik, sondern im Regelfall auch eine Gewichtung der einzelnen Kriterien untereinander (vgl. *Leuthner,* Personalwirtschaft 1981, 21; *Hillebrecht/Schlaus,* DB, 2002, 11). Um diesbezüglich eine objektive Vergleichbarkeit sicherstellen zu können, sollten die Auswahlkriterien und deren Gewichtung, den Anforderungen der Validität (Gültigkeit) und Reliabilität (Zuverlässigkeit) entsprechen (vgl. *Marschner,* DB 1971, 2262). So setzt Validität voraus, dass Qualifikationsmerkmale unterschiedlicher Bewerber gleichermaßen vollumfänglich erfasst werden. Reliabilität hingegen, dass bei gleicher Qualifikation verschiedener Bewerber eine objektive Auswahlentscheidung erfolgt (vgl. *Hillebrecht/Schlaus,* DB, 2002, 9; *Brickenkamp,* WiSt 1973, 54).

Mithin setzt ein solches Auswahlverfahren eine hohe Auswahlkompetenz voraus (vgl. *Eckartsberg,* Personalwirtschaft 1980, 268), die wiederum mit hohen Kosten verbunden sein kann (vgl. *Leuthner,* Personalwirtschaft 1981, 21; *Panse,* DBw 1974, 95). Im Zweifel sind die Kosten einer hohen Auswahlqualifikation gegen die Kosten einer möglichen Fehlbesetzung abzuwägen.

Aus rechtlicher Sicht, also mit Blick auf das AGG, könnte problematisch werden, wenn die in §§ 1, 7 AGG genannten diskriminierenden Merkmalen derart gewichtet werden, dass sie die Auswahlentscheidung maßgeblich beeinflussen.

Dann jedenfalls wäre zu prüfen, ob die entsprechende Gewichtung durch die Ausnahmetatbestände nach §§ 7 ff. AGG gerechtfertigt sein könnten.

Im Falle der Auswahlentscheidung jedenfalls sind folgende Konstellationen denkbar:
- Unbedingte Befähigung und Eignung
- Bedingte Befähigung
- Bedingte Eignung

Im Idealfall entspricht die Qualifikation eines Bewerbers in jeder Hinsicht den Anforderungen. Dies betrifft sowohl seine Befähigung als auch seine Eignung. Im Regelfall aber, wird wohl kein Bewerber diesem Ideal entsprechen können. Somit wird dieser zumindest denkbare Idealfall zur Soll-Größe.

An dieser Soll-Größe sind nun die Besten, mithin bedingt qualifizierten Bewerber, zu messen. Eine bedingte Qualifikation liegt vor, wenn ein Bewerber entweder nur hinsichtlich der Befähigung oder nur in Bezug auf Eignungsvoraussetzungen nicht dem Ideal entspricht. Ein Bewerber der beiden Qualifikationsmerkmalen nur bedingt entspricht, dürft bereits während der Vorauswahlentscheidung abgelehnt worden sein.

Im günstigen Fall kann die Auswahlentscheidung zwischen Bewerbern mit einer solchen bedingten Eignung getroffen werden.

Dann sollte die Entscheidung stets zu Gunsten desjenigen Bewerbers getroffen werden, der den Eignungsanforderungen am ehesten entspricht. Denn die Eignung eines Bewerbers (soft skills) kann durch subjektive Wertungen falsch beurteilt worden sein.

Insoweit können etwa (vgl. *Leuthner,* Personalwirtschaft 1981, 20; *Hillebrecht/Schlaus,* DB, 2002, 10 f.):
- Beziehungseinflüsse
- Erster Eindruck
- Eignungstest
- Personalvermittlung

die Auswahl maßgeblich mitbestimmen. Andererseits unterliegt die Eignung einem, in der Natur des Menschen liegenden, umwelt- und altersabhängigen Änderungs- und Anpassungsprozess.

Es wird somit nicht ausgeschlossen werden können, dass nur eine bedingte Eignung eher die Ursache für eine Beendigung des Beschäftigungsverhältnisses führen kann, als eine bedingte Befähigung. Denn unzureichende Qualifikationen können, wenn auch nur in engen Toleranzen, durch Übung und Erfahrung oder mittels betrieblicher Unterstützung entwickelt werden. Somit sollte bei bedingt geeigneten Bewerbern, die Eignung als Auswahlkriterium stets höher gewichtet werden, als die Befähigung.

E. Gesamtergebnis

(Ausgangsfrage 1): An dieser Stelle ist nun zu replizieren, dass die kritische Untersuchung der Effektivität und Zuverlässigkeit eignungsdiagnostischer Methoden und Verfahren mit einer Gegenüberstellung von klassischer und moderner (neoklassischer) Bewerbungstechnik eingeleitet worden ist. Diesbezüglich bleibt im Ergebnis festzuhalten, dass die Marketing-Bewerbungen und die eignungsdiagnostischen Methoden zur Bewerberauswahl kaum in Einklang zu bringen sind. Denn die klassische Bewerbungstechnik sieht eine Strukturierung nach rationalen Erwägungen vor, während die Marketing-Bewerbung nach psychologischen Aspekten gestaltet wird, um den Ersten-Eindruck-Effekt für eine positive Auswahlentscheidung fruchtbar zu machen. Daher entsprechen derartige Bewerbungen nicht den Anforderungen, die aus eignungsdiagnostischer Sicht Voraussetzung dafür sind, um die Befähigung und Eignung eines Bewerbers anhand rationaler Kriterien überprüfen zu können. Indes ist die Tauglichkeit eignungsdiagnostischer Instrumente differenziert zu beantworten.

(Ausgangsfrage 2): Insoweit ist die erste Inaugenscheinnahme einer Bewerbung bereits geeignet, zu erkennen, ob eine Bewerbung mit innerer Ernsthaftigkeit, äußerer Sorgfalt und der erforderlichen Vollständigkeit angefertigt worden ist. Allerdings ist auch diese erste Sichtung noch kein abschließendes Indiz um tatsächlich geeignet Bewerber zu erkennen. Die Sichtprüfung liefert aber erste Anhaltspunkte für ein genaueres Hinsehen. So hat sich insbesondere die Analyse des Lebenslaufs sowie der Inhaltsabgleich mit den Belegen (Zeugnisse), als effektiv und zuverlässig erwiesen. Denn auf diese Art und Weise können Lücken, Widersprüche oder unbelegte Bewerberangaben aufgedeckt werden, die auf Eignungslücken schließen lassen. Hingegen ist die Widerspruchsfreiheit und Lückenlosigkeit einer Bewerbung wiederum noch kein endgültiges Indiz für die tatsächliche Eignung. Aufschluss wird insoweit eher von der Analyse der Zeugnisse erwartet. Jedoch trägt auch die Schulzeugnisanalyse kaum dazu bei, zuverlässige Aussagen über die Befähigung und Eignung eines Bewerbers zu erlangen. Anders wiederum verhält es sich jedoch mit den Arbeitszeugnissen. Ihnen wird in der Praxis eine große Bedeutung beigemessen. Dabei setzt sich die Praxis leider zu wenig mit den Schwächen und Unzulänglichkeiten der Arbeitszeugnisse auseinander. Denn insbesondere der Zeugniscode und seine Spielarten sind den Unternehmen nicht immer hinreichend bekannt. Daher ist die Gefahr, dass Arbeitszeugnisse falsch gelesen oder verfasst werden sehr groß. Zudem hängt der Inhalt eines Arbeitszeugnisses sehr von subjektiven Einflüssen ab.

Schließlich ist auch die Analyse des Bewerberfotos nicht der Weisheit letzter Schluss. Zwar können einem Lichtbild auch ungeachtet der umstrittenen Physiognomik vielfältige Informationen über den Bewerber entnommen werden. Letztlich wird aber auch hier der erste Eindruck maßgeblich für eine Sympathie oder Antipathie sein. Gleiches gilt für die Unterschriftenanalyse (Graphologie).

Denn Graphologie ist nicht unumstritten und zudem für den Laien kaum nachvollziehbar. Insbesondere die Analyse der Namensunterschrift liefert nur zweifelhafte Erkenntnisse über die charakterlichen Ausprägungen.

Zuverlässige Erkenntnisse über einen Bewerber können letztlich nur aufgrund der Erfahrung während der Probezeit gesammelt werden. Denn den Einflüssen im Betrieb und speziell am Arbeitsplatz, kann sich kein Bewerber entziehen. Daher sind die Erkenntnisse während der Probezeit umso zuverlässiger, desto länger sie andauert. In dieser Zeit findet nach dem hiesigen Befund die effektivste und zuverlässigste Bewerberauswahl statt.

(Ausgangsfrage 3): Die Eignungsdiagnostik kann nach alledem nicht als erkenntnissicheres Verfahren angesehen werden. Die Eignungsdiagnostik ermöglicht zwar, eine rational nachvollziehbare Beurteilung der Befähigung. Indes liefert sie in Bezug auf die Eignung nur Anhaltspunkte und Indizien, die sich erst im Laufe der Zeit durch Erfahrungen und Beobachtungen in den unterschiedlichsten Arbeitsplatzsituationen überprüfen lassen.

(Ausgangsfrage 4): Durch ihre Instrumente werden lediglich Indizien aus den unterschiedlichsten Bereichen einer Person erlangt, die eine Trichter-, oder Spiralförmige Fokussierung auf wenige Bewerber ermöglichen soll. Die Übereinstimmung von Anforderungsprofil und Bewerberprofil ist daher im Zuge der Auswahlentscheidung widerleglich zu vermuten.

(Ausgangsfrage 5): Allerdings werden der Eignungsdiagnostik insbesondere durch Gesetzgebung und Rechtsprechung Grenzen gesetzt. Aus der Gesetzgebung ist jüngst das Allgemeine Gleichstellungsgesetz (AGG) zu nennen.

Es ist damit zu rechnen, dass Bewerbungen künftig ohne Lichtbilder oder personenbezogene Angaben erfolgen, die auf Geschlecht, Alter oder Nationalität bzw. weitere Diskriminierungsmerkmale schließen lassen. Dadurch wird eine einungsdiagnostische Bewerberauswahl weitgehend unmöglich.

(Ausgangsfrage 6): Nach alledem bleibt für eine möglichst zutreffende Bewerberauswahl zu empfehlen, das Bewerbergespräch inhaltlich neu zu strukturieren. Hier bietet die aus der Psychologie bereits bekannte Interview-Technik Möglichkeiten, um die tatsächliche Motivation und inneren Beweggründe der Bewerber zu hinterfragen. Auch ist eine Kombination aus schriftlichen und mündlichen Testverfahren denkbar. Alternativ ist die Vereinbarung eines Probearbeitsverhältnisses oder befristete Arbeitsverhältnisse anzudenken. Aber auch der Rückgriff auf Leiharbeitnehmer wird zur Alternative. Denn bei einem Leiharbeitsverhältnis wird das Risiko fehlerhafter Personalauswahl einerseits auf den Leiharbeitgeber verlagert. Andererseits bietet es sich für das Unternehmen an, einen Leiharbeitnehmer gründlich zu prüfen und bei Bedarf, in ein ordentliches Arbeitsverhältnis zu übernehmen.

Literaturverzeichnis

Annuß, Georg: Das Allgemeine Gleichbehandlungsgesetz im Arbeitsrecht, in. BB 07/2006, 1629-1636.

Armutat, Sascha: Eckpunkte eines Personaldiagnostikkonzepts, S. 17-22, in: DGFP e.V. (Hg.): Mitarbeiter auswählen –Personaldiagnostik in der Praxis, Bertelsmann, Bielefeld 2009.

Backer, Anne: Arbeitszeugnisse: Entschlüsseln und mitgestalten. 3. Aufl., 2004, Planegg/München.

Bartholomä, Richard: Qualifiziertes Personal muss man nicht nur beschaffen, sondern auch halten!, in: Personalwirtschaft 10/1980, 290-293.

Berlin, Frank/Rischar, Klaus: Das schwierige Geschäft der Einschätzung menschlicher Qualifikation, S. 27-52, in: Rischar, Klaus: Optimale Personalauswahl, Verlag TÜV Rheinland, Wuppertal 1990.

Birk, Axel/Burk, Uwe: Die Dokumentation einer wirksamen betriebsbedingten Kündigung, in: BB-Special 20/2006, 2–14.

Bissels, Alexander/Lützeler, Martin: Rechtsprechungsübersicht zum AGG, in BB 13/2008, 666-671.

Boemke, Burkhard: Die Zulässigkeit der Frage nach Grundwehrdienst und Zivildienst, in: RdA 3/2008, 129-134.

Bohlen, Fred N.: Was darf der Arbeitgeber den Bewerber fragen?, in: Personalwirtschaft 02/1981, 9-13.

Braun, Gunther: Rechtsfragen bei Personalauswahlverfahren, in: Personalwirtschaft 05/1978, 150-154.

Brickenkamp, Rolf: Grundlagen wissenschaftlich-psychologischer Personalauslese, in: WiSt 02/1973, 53-58.

Deinert, Olaf: Anwendungsprobleme der arbeitsrechtlichen Schadenersatzvorschrift im neuen AGG, in: DB 07/2007, 398-402.

Diller, Martin: BB-Forum: „AGG-Hopping" – und was man dagegen tun kann!, in: BB 36/2006, 1968–1970.

Düwell, Franz Josef: Die Neuregelung des Verbots der Benachteiligung wegen Behinderung im AGG, in. BB 08/2006, 1741-1745.

Eckartsberg von, Christian: Auswahl von Mitarbeitern für den Auslandseinsatz, in: Personalwirtschaft 09/1980, 261-268.

Ehrich, Christian: Fragerecht des Arbeitgebers bei Einstellungen und Folgen der Falschbeantwortung, in: DB 8/2000, 421-427.

Frey, Helmut: Personalwerbung mit Zeitungsanzeigen: Ausbildungsbeilage, in: Personalwirtschaft 03/1980, p 12-p 20.

Frey, Helmut: Personalwerbung mit Zeitungsanzeigen: Ausbildungsbeilage, in: Personalwirtschaft 04/1980, p 13-p 16.

Frey, Helmut: Rechtsfragen vor Vertragsschluss, in: Personalwirtschaft 02/1980, 53-60.

Frey, Helmut: Rechtsfragen zur Krankheit: Entschuldigung – Attest – Fortzahlung, in: Personalwirtschaft 03/1978, 89-92.

Fricke, W./Märker, K.: Die Crux mit dem Arbeitszeugnis, in: DBw 02/1994, 23-24.

Goth, Petra: Verfahren der Bewerberauswahl und der Potentialanalyse, S. 61-96, in: DGFP e.V. (Hg.): Mitarbeiter auswählen –Personaldiagnostik in der Praxis, Bertelsmann, Bielefeld 2009.

Goth, Petra: Verfahren der Bewerberauswahl, S. 35-48, in: DGFP e.V. (Hg.): Mitarbeiter auswählen –Personaldiagnostik in der Praxis, Bertelsmann, Bielefeld 2009.

Gourmelon, Andreas: Personalauswahl unter Beachtung des Allgemeinen Gleichbehandlungsgesetzes (AGG), in: DÖD 11/2007, 241-250.

Hanel, Erich: Die innerbetriebliche Stellenausschreibung, in: Personal 01/1977, 31-32.

Heckelmann, Dieter/Langer, Lutz: Arbeitsrecht: Teil I: Arbeitsvertragsrecht, in: WiSt 10/1976, 468-473.

Hillebrecht, W./Schlaus: Möglichkeiten der transparent gestalteten Personalauswahl, in: DBw 01/2002, 8-14.

Höckh, Ulrich R.: Die Bewerbung, in: WiSt 07/1995, 386-387.

Kaehler, Boris: Individualrechtliche Zulässigkeit des Einsatzes psychologischer Testverfahren zu Zwecken der betrieblichen Bewerberauswahl, in: DB 05/2006, 277-282.

Knebel, Heinz: Inhalt und Technik des Vorstellungsgesprächs, in: Mensch und Arbeit 01/1970, 17-21.

Kock, Martin: Allgemeines Gleichbehandlungsgesetz-Überblick über die arbeitsrechtlichen Regelungen, in: MDR 19/2006, 1088-1093.

Krech, Jörg: Die Gap-Analyse als Controlling-Instrument, in: WISU 03/2004, 305-308.

Krech, Jörg: Grundlagen der Aufbauorganisation: Einliniensysteme, in. WISU 06/2002, 781-784.

Krech, Jörg: Grundlagen der Aufbauorganisation: Mehrliniensysteme, in. WISU 01/2004, 53-55.

Kühlmann, Torsten: Ermüdung und Stress: Zwei Wirkungen der Arbeitsbelastung auf den Menschen: Teil 1: Die Ermüdung, in: WiSt 05/1983, S. 258-262.

Kühlmann, Torsten: Ermüdung und Stress: Zwei Wirkungen der Arbeitsbelastung auf den Menschen: Teil 2: Der Stress, in: WiSt 06/1983, 319-323.

Leuthner, Werner: Methoden der Bewerber-Vorauswahl in der Verwaltung, in: Personalwirtschaft 09/81, 19-22.

Lindemann, Paul: Handschriftenprobe erbeten, in: Personal 07/1984, 264-266.

Maier-Reimer, Georg: Das Allgemeine Gleichbehandlungsgesetz im Zivilrechtsverkehr, in. NJW 36/2006, 2577-2583.

Manke, Thomas: Personalauswahlverfahren unter der Lupe, Books on Demand GmbH, Norderstedt, 2008.

Marschner, Günter: Rechtsprobleme bei der Anwendung von Intelligenz-Tests zur Bewerberauslese, in: DB 47/1971, 2260-2263.

Mauritz, Andreas/Wischnath, Hans-Martin: Arbeitszeugnisse, in: AuR 04/2006, 222-229.
Migula, Cornelia/Alewell, Dorothea: Internet-Stellenanzeigen als Medium der Personalbeschaffung, in: Personal 12/1999, 599-603.
Müller, Stefan: Das Allgemeine Gleichbehandlungsgesetz (AGG) in der arbeitsrechtlichen Praxis, in: DÖD 04/2007, 73-87.
Müller, Stefan: Vorsicht vor graphologischen Gutachten, in: WiSt 1987, 637-638.
Müller, Winfried: Gruppenberatung „Bewerberverhalten" als Form initiativer Arbeitsberatung, in: Arbeit und Beruf 11/1978, 322-324.
Nicolai, Christiane: Fehler bei der Personalbeurteilung, in: WISU 04/2008, 552-566.
Noppeney, Hanns G.: Anforderungen an ein Arbeitszeugnis, in: Personal 03/1971, 84-90.
Oberwetter, Christian: Bewerberprofilerstellung durch das Internet –Verstoß gegen das Datenschutzrecht?, in: BB 07/2008, 1562-1566.
Oberwetter, Christian: Das Allgemeine Gleichbehandlungsgesetz im Bereich der Personaldienstleistung, in: BB 20/2007, 1109-1112
Oechsler, Walter, A.: Das Allgemeine Gleichstellungsgesetz als Einflussfaktor auf das Human Ressource Management, in: WiSt 01/2008, 2-6.
Ohlendorf, Bernd/Schreier, Michael: AGG-konformes Einstellungsverfahren – Handlungsanleitung und Praxistipps, in: BB 45/2008, 2458-2465.
Panse, Winfried: Personalführung als integrierter Bestandteil der Unternehmensgesamtsteuerung (II), in: DBw 04/1974, 95-100.
Raidt, Fritz: Die „innere Kündigung" am Arbeitsplatz, in: DBw 01/1987, 19-24.
Ring, Gerhard: Schutz der Beschäftigten vor Benachteiligung nach dem AGG, in. JA 01/2008, 1-7.
Roemheld, Bernard: Der Arbeitsvertrag, in: WiSt 02/1976, 86-89.
Rosette, Christiane: Führungsinstrumente in der Praxis, in: Personal 05/1983, 183-186.
Rosner, Ludwig: DBw-Fallstudie: Checkliste zur Personaleinstellung, in: DBw 06/1975, 164-167.
Rosner, Ludwig: Menschenkenntnis und Menschenbeurteilung (1. Teil), in: DBw 04/1980, 25-26.
Rosner, Ludwig: Menschenkenntnis und Menschenbeurteilung (2. Teil), in: DBw 05/1980, 28-31.
Schanz, Günther: Personalwirtschaftslehre, 3. Aufl., München, 2000.
Schindler, Thomas: Das Internet als Suchmedium für Akademiker, in: Personal 12/1999, 604-609.
Schittek, Dieter: Verschiedene Maßstäbe zur Beurteilung von Personal, in: Mensch und Arbeit 03/1970, 261-264.
Schmid, Karlheinz: Zur rechtlichen Zulässigkeit verschiedener Formen des Personalinterviews (I), in: DB 50/1980, 2442-2446.

Schmid, Karlheinz: Zur rechtlichen Zulässigkeit verschiedener Formen des Personalinterviews (II), in: DB 51/1980, 2517-2520.

Schmid, Karlheinz: Zur Zulässigkeit graphologischer Gutachten im betrieblichen Bereich, in: NJW 38/1969, 1655-1657.

Schneeweis, Heike: Der Standpunkt der Praxis: Das Beispiel der BMW AG, in. WiSt 08/1993, 430-430.

Scholz, Christian: Bewerbung im Internet, in: WiSt 08/1998, S. 427-432 (27. Jg).

Schrader, Peter: Gestaltungsmöglichkeiten des Arbeitgebers nach Inkrafttreten des AGG, in: DB 2006, 2571-2580.

Schünemann, Hans-Wilhelm: Richterliche Tatsachenermittlung und Kritischer Rationalismus, in: JuS 09/1976, 562-565.

Seel, Henning: AGG-Schadenersatz für Diskriminierung im Bewerbungsverfahren, in: MDR 23/2006, 1321-1325.

Simon, Volker: Zeugnis-Noten, in: Personalwirtschaft 02/1987, 38-40.

Staufenbiel, Jörg E. (Hrsg.)/Brenner, Doris u. Frank/Giesen, Birgit: Individuelle bewerben –Karrierestart für den Führungsnachwuchs, 2. Aufl. 1995.

Thiele, Werner: Graphologie- Spielfeld für Scharlatane?, in: Personalwirtschaft 04/1980, 101-103.

Valtin, Renate: Die Note als Giftpils des Haus- und Schullebens), S. 11-16, in: Valtin, Renate (Hrsg.): Was ist ein gutes Zeugnis?, Juventa, Weinheim 2002.

Werneck, Tom: Bewerbungsstrategie für Berufsanfänger, in: Personalwirtschaft 07/1981, 28-32.

Weuster, Arnulf: Informative und einwandfreie Ausbildungszeugnisse, in: Personal 06/1991, 204-208.

Wichert, Joachim/Zange, Julia: AGG: Suche nach Berufsanfängern in Stellenanzeigen, in: DB 17/2007, 970-973.

Wisskirchen, Gerlind: Der Umgang mit dem Allgemeinen Gleichbehandlungsgesetz – Ein „Kochrezept" für Arbeitgeber, in: DB 27/28/ 2006, 1491-1499.

Zeitlmann, Rupert: Welche Fragen darf ein Arbeitgeber bei der Einstellung eines Arbeitnehmers stellen?, in: Personal 06/1977, 246-246.

Abkürzungsverzeichnis

a.F.	Alte Fassung
AGG	Allgemeines Gleichstellungsgesetz
Alt.	Alternative
ArbG	Arbeitgeber
AuR	Arbeit und Recht
BAG	Bundesarbeitsgericht
BB	Betriebsberater
BbiG	Berufsbildungsgesetz
BetrVG	Betriebsverfassungsgesetz
BGB	Bürgerliches Gesetzbuch
BGBl.	Bundesgesetzblatt
BGH	Bundesgerichtshof
BW	Betriebswirtschaft
BZRG	Bundeszentralregistergesetz
DB	Der Betrieb
DBw	Die Betriebswirtschaft
DÖD	Die öffentliche Verwaltung
ff.	Fort folgend
GewO	Gewerbeordnung
HGB	Handelsgesetzbuch
i.V.m.	In Verbindung mit
JuS	Juristische Schulung
KSchG	Kündigungsschutzgesetz
MDR	Monatsschrift für Deutsches Recht
n.F.	Neue Fassung
NachwG	Nachweisgesetz
NJW	Neue juristische Woche
NZA	Neue Zeitschrift Arbeitsrecht
RdA	Recht der Arbeit
SG	Sozialgericht
SGB	Sozialgesetzbuch
StGB	Strafgesetzbuch
TzBfG	Teilzeit- und Befristungsgesetz
WiSt	Wirtschaftswissenschaftliches Studium
WISU	Wirtschaftsstudium
WRV	Weimarer Reichsverfassung
ZPO	Zivilprozessordnung